Hans-Dieter Otto
Über uns kein Himmel?

Hans-Dieter Otto

Über uns kein Himmel?

Die größten Naturkatastrophen
der Menschheitsgeschichte

Residenz Verlag

Bibliografische Information der Deutschen Nationalbibliothek
Die Deutsche Nationalbibliothek verzeichnet diese Publikation in der
Deutschen Nationalbibliografie; detaillierte bibliografische Daten sind
im Internet über http://dnb.dnb.de abrufbar.

www.residenzverlag.at

© 2015 Residenz Verlag
im Niederösterreichischen Pressehaus
Druck- und Verlagsgesellschaft mbH
St. Pölten – Salzburg – Wien

Umschlaggestaltung: BoutiqueBrutal.com
Umschlagbilder: Jim Sugar / Corbis (Mitte); Wikimedia Commons / gemeinfrei,
Library of Congress, Wikimedia Commons / gemeinfrei (oben); Navy Medicine,
AusAID, Digital Globe (unten)
Grafische Gestaltung / Satz: Lanz, Wien
Schrift: Minion Pro
Lektorat: Stephan Gruber
Gesamtherstellung: CPI Moravia Books

Bildnachweis:
British Library / akg-images / picturedesk.com: 1
akg-images / picturedesk.com: 2, 4, 6
He Xianfeng / Action Press / picturedesk.com: 3
Science Photo Library / picturedesk.com: 5, 11, 14, 15
AFP / picturedesk.com: 7
Everett Collection / picturedesk.com: 8
General / TopFoto / picturedesk.com: 9
Friedrich / Interfoto / picturedesk.com: 10
Farooq Khan / EPA / picturedesk.com: 12
SOUTH WEST NEWS SERVICE LTD / Action Press / picturedesk.com: 13
NASA / Rex Features / picturedesk.com: 16

ISBN 978 3 7017 3321 7

Inhalt

Katastrophen in neuerer Zeit (1600–1950)

Katastrophen von der Mitte des 20. Jahrhunderts bis zum Beginn des 21. Jahrhunderts

Katastrophen der Zukunft

**Für meine Enkel,
die Zwillinge André und Alexander**

*»Doch mit des Geschickes Mächten
ist kein ew'ger Bund zu flechten,
und das Unglück schreitet schnell.«*

FRIEDRICH SCHILLER, DAS LIED VON DER GLOCKE (1799)

Über uns kein Himmel?
(Ein Vorwort)

»Der Wind weht von allen Seiten«, singt Hans Albers den Song von Theo Mackeben im Film »… und über uns der Himmel«, der 1947 im total zerstörten Berlin spielt und im Februar 1948 in Hamburg erstmals aufgeführt wurde. Hoffnungs- und vertrauensvoll, fast ein wenig herausfordernd, fügt er hinzu: »Na, lass den Wind doch wehn! Denn über uns der Himmel lässt uns nicht untergehn.« Was der blonde Hans singt, kann doch nicht falsch sein!? Doch angesichts der gewaltigen Katastrophen, die die Menschheit schon immer heimgesucht haben und sie auch künftig immer wieder bedrohen werden, sieht es eher so aus, als gäbe es über uns keinen Himmel, der uns beschützt. Im Gegenteil: Chaos und Untergang stehen uns bevor, wenn wir den düsteren Prognosen der Wissenschaftler Glauben schenken wollen.

In der Geschichte der Menschheit spielen Naturkatastrophen eine große Rolle. Und auch sie haben eine Historie. Von solchen schrecklichen Ereignissen, die sich fest in der Erinnerung der Menschen erhalten und im wahrsten Sinne des Wortes Geschichte gemacht haben, berichtet dieses Buch. Ausgenommen sind dabei Katastrophen, die vom Menschen verursacht wurden; die sozusagen »hausgemacht« sind – davon gibt es derart viele, dass sie ein weiteres Buch füllen könnten. Sehr wohl werden aber solche Fälle behandelt, in denen Naturereignisse und menschliches Handeln derart eng miteinander verbunden sind, dass die eigentliche Katastrophe erst durch das menschliche Zutun entsteht. Beispiele dafür sind der »Smog«, vor allem aber das Ozonloch sowie die zunehmende Erderwärmung. Über diese »schleichenden« Katastrophen, die erst dadurch ausgelöst werden, dass der Mensch in den empfindsamen Kreislauf der Natur eingreift, werden wir in einigen Kapiteln Näheres erfahren.

Seit Menschengedenken haben sich in unserer Welt so viele Katastrophen ereignet, dass ihre vollständige Aufführung ganze Bände füllen würde. Erzählt wird daher nur von jenen, die aufgrund bestimmter Umstände und Besonderheiten über die jeweilige Zeit hinaus im menschlichen Gedächtnis haften geblieben und in Aufzeichnungen und Chroniken erwähnt sind. Das Kriterium dafür ist keineswegs nur das Ausmaß der jeweiligen Katastrophe oder die Zahl ihrer Opfer – auch eine Katastrophe mit nur wenigen Toten kann sich infolge spezieller Gegebenheiten oder besonders erschreckender Begleitumstände, ihrer außergewöhnlichen Ursache oder ihres spektakulären Verlaufs fest in das Gedächtnis der Menschen eingegraben haben. Die getroffene Auswahl mag subjektiv sein. Doch sie ergibt durch die überwiegend chronologisch aneinandergereihten Katastrophen ein bunt schillerndes, vielfältiges Kaleidoskop. Das Buch erhebt nicht den Anspruch, ein wissenschaftliches Fachbuch zu sein, wenngleich die verfügbaren Quellen sorgfältig ausgewertet wurden. Es ist vielmehr ein »Lesebuch« für jedermann, in dessen großem Spannungsbogen sich von der Antike bis in die Jetztzeit und die Zukunft wie in einem Krimi schmökern lässt. Es wird deutlich, dass Verheerungen und Verwüstungen auf unserem Planeten ein ständiger, bedeutsamer Teil der Menschheitsgeschichte sind.

Nach jedem großen Unglück verbringen wir eine Menge Zeit damit, vor allem die Opfer zu zählen. Wir vergleichen die eine Katastrophe mit der anderen und fragen, welche schlimmer war. Doch welchen Sinn hat das? Ist es wirklich wichtig, zu wissen, ob beim Kaschmir-Erdbeben im Oktober 2005 mehr Menschen umgekommen sind als bei der südostasiatischen Tsunami-Katastrophe im Dezember 2004? Viel wichtiger wäre doch die Frage, wer die Opfer waren, die unter den Trümmern begraben wurden oder in den Fluten ertrunken sind, und wie ihr Leben aussah, bevor sie das Unglück hinwegraffte. Solche Antworten – so wir diese Umstände denn überhaupt kennen – kann dieses Buch nicht geben. Es befasst sich mit den Fakten und versucht, sie in einen historischen und zeitlichen Zusammenhang zu stellen, insbesondere dann, wenn die Katastrophen schon längere Zeit zurückliegen. Und zu den Fakten gehören nun einmal Zahlen. Deshalb finden wir in fast jedem Kapitel auch Angaben über die Zahl der Opfer. Dabei ergibt sich freilich ein Problem: In den Quellen stimmen die Angaben über die jeweiligen Opferzahlen kaum einmal überein. Manchmal sind die Diskrepanzen so groß, dass die Zahlen nicht als glaubwürdig angesehen werden können. Auf solche Ungereimtheiten wird im Text ausdrücklich hingewiesen. In vorchristlicher Zeit waren in der Vorstellung der Menschen stets die Götter für Naturkatastrophen verantwortlich. Alles Unheil wurde den höheren Mächten zugeschrieben. Heute wissen wir um die natürlichen Ursachen solcher Ereignisse, wenngleich wir sie in den meisten Fällen noch immer nicht vollständig berechnen und nicht exakt vorhersehen können. Bis in unsere Tage ist dagegen die Überzeugung vieler Menschen erhalten geblieben, unsere Erde müsse unaufhaltsam einem Ende entgegensteuern. In der Tat kann die Existenz des Menschengeschlechts jederzeit durch den Einschlag eines riesigen Meteoriten oder eines Kometen gefährdet sein. Eine solche Gefahr kann noch viele Tausende Jahre auf sich warten lassen – sie kann aber auch jeden Tag wahr werden. Ausschließen lässt sie sich nicht. Wird das Ende der Welt also bald kommen? Oder sieht das menschliche Leben in seiner Entwicklung noch langen geologischen Perioden entgegen? Von Letzterem war zum Beispiel der französische Paläontologe und Anthropologe Pierre Teilhard de Chardin überzeugt. In seinem 1955 erschienenen Buch »Der Mensch im Kosmos« vertritt er die Auffassung, das menschliche Leben zeige alle Merkmale einer Energie in voller Entwicklung. Wenn man die Menschheit mit den ihr vorausgehenden zoologischen Lebensformen vergleiche, deren mittlere Lebensdauer zumindest an die 80 Millionen Jahre betrug, dann erscheine sie noch so jung, dass man sagen könne, sie sei eben erst geboren.

Zwar wissen wir aufgrund wissenschaftlicher Erkenntnisse, dass in der Erdgeschichte immer wieder Katastrophen eingetreten sind, durch die das Leben zum Teil empfindlich zurückgeworfen wurde. Doch Katastrophen, bei denen alle Lebensformen restlos ausgelöscht worden wären und die einen Neuanfang erforderlich gemacht hätten, hat es in den letzten gut vier Milliarden Jahren auf unserem Planeten nicht gegeben. Alle Theorien, die so etwas dennoch behaupten, sind unwissenschaftlichen »Katastrophenmärchen« zuzuordnen. Zu diesen zählt auch die dramatische These, die Venus rase auf die Erde zu und stoppe dadurch die Erdrotation.

Andererseits steht mit Gewissheit fest, dass es irgendwann ein Weltende geben wird, wahrscheinlich verursacht durch eine überdimensionale Katastrophe. In den Mythologien vieler Völker ist davon immer wieder die Rede: Bei den nordischen Völkern steht am Ende »Ragnarök«, eine Entscheidungsschlacht zwischen den Göttern und ihren Feinden. Dieser Kampf werde so heftig sein, dass die Erde und das Universum zerstört würden. Auch in der Bibel ist von einem solchen »Armageddon« die Rede, einer letzten Schlacht zwischen den Kräften des Guten und den Mächten des Bösen, die an einem Ort namens Harmagedon stattfinden wird. Seit über 2000 Jahren übt die Offenbarung des heiligen Johannes von Patmos, die Apokalypse, den weitaus größten Einfluss auf die geistesgeschichtliche Beschäftigung mit dem Ende der Welt aus. Das »Buch der Offenbarung« entstand wohl um 95 n. Chr. zur Zeit des Kaisers Domitian.

Allerdings sind die Ausführungen zur Endzeit recht verschwommen und vage. Umso erstaunlicher ist es, wie stark die Menschen zu allen Zeiten von diesen Weltuntergangsprophezeiungen beeinflusst und gebannt waren – und wie sehr sie an die Verheißungen der Apokalypse glaubten. Nach den heutigen wissenschaftlichen Erkenntnissen scheint unserer Welt ein apokalyptisches Ende tatsächlich gewiss zu sein. Im letzten Kapitel dieses Buches werden wir erfahren, wie uns ein schwarzes Monster erwartet, das nicht nur unsere Erde vernichten, sondern gleich unser ganzes Sonnensystem verschlingen wird.

Eine Antwort auf die Frage, warum die Menschheit von ihrem Anfang bis zu ihrem Ende immer wieder Katastrophen ausgesetzt ist und warum denn die Natur derart grausam zuschlägt, warum sie Fromme wie Frevler, Gerechte wie Ungerechte gleichermaßen dahinrafft, kann dieses Buch nicht geben. Heinrich von Kleist hat in seiner 1810 publizierten großartigen Novelle »Das Erdbeben in Chili« den wenig tröstlichen Gedanken geäußert, dass die Menschen durch derartige Naturereignisse wieder begreifen lernen sollten, dass sie den Elementen ausgeliefert sind. So wird auch am Schluss dieses Buches nur die Einsicht bleiben, wie sehr der armselige Mensch vom Anfang bis zum Ende seines irdischen Daseins von einer schrecklichen Ohnmacht befallen ist. Der weite Himmel über uns scheint uns tatsächlich nicht zu schützen.

Katastrophen in vorchristlicher Zeit

Legende oder Wirklichkeit?

Verlorenes Atlantis, 8498 v. Chr.?

Die größte historische Katastrophe in der Geschichte der Menschheit ist der Untergang von Atlantis – wenn, ja wenn es die Vernichtung dieser Welt, eines ganzen Kontinents, jemals gegeben hat. Während ein Teil der Wissenschaftler, vor allem die Geisteswissenschaftler, die Existenz von Atlantis als eine reine, gut ausgeklügelte »Kopfgeburt« ansehen, sind andere felsenfest davon überzeugt, dass es dieses mächtige, sagenumwobene Inselreich wirklich gegeben hat – und dass es irgendwo in den Tiefen des Meeres ruht. Manche gehen sogar so weit, den Zeitpunkt seines Untergangs auf den Tag genau festzulegen. So hat zum Beispiel der österreichische Ingenieur Otto Muck anhand alter Maya-Chronologien den 5. Juni 8498 v. Chr. als den genauen Tag der Katastrophe errechnet. Als Ursache sah er den Einschlag eines riesigen Planetoiden im Atlantik an, dessen Bahn durch eine Dreifachkonjunktion von Erde, Mond und Venus beeinflusst worden sei.

Archäologen, Anthropologen, Geophysiker, Historiker, Mythologen und auch Okkultisten, Parapsychologen und Science-Fiction-Autoren haben von ihrem jeweiligen Standpunkt aus sehr unterschiedliche, nicht selten kühne Theorien über die Lage von Atlantis und die Ursachen seines Untergangs entwickelt. Mehr als 25 000 Bücher sind darüber geschrieben worden. Einige haben Atlantis in Spitzbergen, in der Nordsee, in der Karibik, in der Nähe von Madeira, der Kanaren oder von Ceylon und sogar auf dem Mond gesucht, andere im Zusammenhang mit der legendären Stadt Tartessos in Südspanien oder in der Ägäis, in der Nähe der griechischen Kykladen. Fleißige Spurensucher haben Atlantis auf der Erde an über 50 Stellen zu lokalisieren versucht. Aber niemand hat es je gefunden. Zweifellos wird die Unterwassersuche nach Atlantis auch künftig fortgesetzt werden. Die dabei gemachten Entdeckungen werden immer wieder Stoff für neue Spekulationen liefern.

Schon 1664 behauptete der deutsche Jesuit und Universalgelehrte Athanasius Kircher in seinem Buch »Mundus Subterraneus«, die Azoren seien die Berggipfel des versunkenen Kontinents. Diese These, Atlantis habe mitten im Atlantik gelegen, hat der amerikanische Schriftsteller Ignatius Donnelly 1882 in seinem Buch »Atlantis – die vorsintflutliche Welt« aufgegriffen und populär gemacht. Sie besaß gegenüber allen anderen Theorien einen Vorteil: Sie konnte sich auf den einzigen historischen Bericht stützen, den es überhaupt über Atlantis gibt und mit dem jede Spekulation beginnt. Es handelt sich um zwei Dialoge, die der griechische Philosoph Platon um das Jahr 348 v. Chr. geschrieben hat, zu einer Zeit, als er schon über 70 Jahre alt und ein gefeierter Mann war. Er gibt imaginäre Gespräche zwischen Sokrates und drei Freunden wieder. Platon nennt die Dialoge nach den Hauptrednern »Timaios« und »Kritias«.

Niemand bezweifelt, dass Platon sie selbst geschrieben hat. Aber bis heute herrscht keine Einigkeit darüber, ob seine Atlantis-Erzählung ähnlich dichterisch ausgeschmückt ist wie die »Ilias« des Homer. Nach dieser hat Heinrich Schliemann immerhin Troja gesucht und gefunden. Sollte man also auch nach Atlantis dort Ausschau halten, wo es Platon angesiedelt hat, im Atlantik? Oder ist sein Bericht eine reine, absichtsvoll in die Welt gesetzte dichterische Erfindung? Setzt Platon voraus, dass der Leser die Geschichte als Unsinn durchschaut? Oder hält er sie selbst für authentisch? Im zweiten Teil des »Kritias« kommt Platon auf eines seiner Lieblingsthemen zu sprechen, die Urgeschichte. Er berichtet im nüchternen Tonfall eines Chronisten zunächst über Ur-Athen und dann über Atlantis. Er sagt, er würde nur wiedergeben, was der Staatsmann Solon erzählt und um 560 v. Chr. auf einer seiner Reisen nach Ägypten vorgefunden habe. Solon habe den Bericht über Atlantis im »Tempel der Neith« in Sais auf einer Steinstele gelesen. Dieser Tempel gehörte zu den berühmtesten Universitäten Ägyptens. Ägyptische Priester hätten die Hieroglyphen in grauer Vorzeit in die Säule eingeritzt.

Solons Schiffsreise zum im Nildelta gelegenen Hafen Naukratis ist historisch verbürgt. Von dort sind es nur noch 16 Kilometer zum ehemaligen Pharaonensitz Sais. Gemeinsam mit einem Priester übertrug Solon den Hieroglyphentext ins Griechische. Platon benutzt diese Fassung als Grundlage für seine Erzählung. Er schildert, wie sich die Bewohner des alten Athen gegen ein mächtiges Reich zur Wehr gesetzt hätten. Aus ihrer insularen Heimat im Atlantik seien dessen Angehörige 9000 Jahre zuvor ausgezogen, um die Städte Europas und Asiens anzugreifen. »Denn damals war das Meer daselbst befahrbar«, schreibt Platon. »Es lag vor der Mündung, die bei euch ›Säulen des Herakles‹ heißt, eine Insel, größer als Asia und Libya zusammen, und von ihr aus konnte man damals noch nach den anderen Inseln hinüberfahren und von diesen Inseln auf das ganze gegenüberliegende Festland.« Mit den »Säulen des Herakles« ist wahrscheinlich die Meerenge von Gibraltar gemeint; damals nur ein sehr schmaler Zugang zum Westbecken des Mittelmeers, das durch eine Landbrücke in zwei Teilbecken gegliedert war. Mit den »anderen Inseln« sind vermutlich die Bahamas und Antillen gemeint, und mit dem »gegenüberliegenden Festland« der Doppelkontinent Amerika. Diese Angaben stimmen mit der Wirklichkeit überein und sprechen für die mögliche Echtheit der Überlieferung.

»Auf dieser Insel Atlantis bestand nun eine große und bewundernswerte Königsmacht«, fährt Platon fort, »welche sich sowohl in den Besitz der ganzen Insel als auch der anderen Inseln und von Teilen jenes Festlandes gesetzt hatte.« Die Insel habe »schön und bewundernswürdig im Lichte des Helios gelegen« und Früchte und Speisen »in unermesslicher Menge« hervorgebracht. Die Atlanter hätten vom Meeresufer aus einen zirka 30 Meter tiefen Kanal »bis zum äußersten Erdwall« gestochen und die Seeschifffahrt ermöglicht »bis zu diesem hin wie in einem Hafen, indem sie eine Öffnung, hinreichend groß für die Durchfahrt der größten Schiffe, durchbrachen.« Offenbar eine einzigartige Anlage, von der Platon schreibt: »Die Wasserkreise, welche die alte Mutterstadt umgaben, überspannten sie zuerst mit Brücken, um einen Weg aus und zur Königsburg herzustellen … Die um den äußersten Wasserring laufende Mauer fassten sie mit Erz ein, nachdem sie es flüssig wie Salböl gemacht hatten.« Die ganze Ebene um die Stadt sei ringsum von Bergen eingeschlossen gewesen, die sich bis zum Meere hinzogen. Diese Berge seien damals »höchlichst gepriesen« worden, »da sie an Menge, Größe und Schönheit die jetzt vorhandenen weit übertrafen, ferner, weil sie sowohl viele und an Einwohnern reiche Siedlungen in sich enthielten als auch Flüsse,

Seen und Wiesen, die allen wilden und zahmen Tieren Nahrung in Menge boten, und zudem ausgedehnte Waldungen mit zahlreichen Baumarten«.

Platon berichtet, die Herrschaft und Gemeinschaft untereinander habe stattgefunden »nach dem Geheiß des Poseidon, wie es ihnen das Gesetz überlieferte und die Inschrift, die von ihren ersten Ahnen eingegraben worden war in eine Säule aus Bergerz. Sie stand mitten auf der Insel im Heiligtum Poseidons.« Anfangs hätten die Atlanter eine »wahrhaftige und großherzige Gesinnung« besessen, die »Sanftmut mit Überlegung paarte«. Als jedoch »der Anteil Gottes in ihnen« allmählich schwand und »die menschliche Natur die Oberhand gewann«, zeigten sie sich »schlecht und lasterhaft, weil sie vom Wertvollsten gerade das Schönste zerstörten«. Die zentrale Stelle seiner Atlantis-Erzählung formuliert Platon so: »Später jedoch, als ungeheure Erdbeben und Überschwemmungen eintraten, versank während eines einzigen schlimmen Tages und einer einzigen schlimmen Nacht ebenso wohl das ganze zahlreiche streitbare Geschlecht bei euch unter der Erde, und ebenso verschwand die Insel Atlantis, indem sie unter das Meer versank.«

Wie bereits mittelalterliche Autoren hielten auch große Geister wie Charles Darwin und Alexander von Humboldt diesen Atlantisbericht für authentisch. Und dies, obwohl Platon den Untergang von Atlantis in den Beginn der Jungsteinzeit verlegte, also vor etwa 11 500 Jahren. Von dieser Zeit wissen wir nur, dass allenfalls primitive Nomaden durch die Kontinente wanderten und Ackerbau und Hausbau noch nicht erfunden waren. Nach Platons Schilderung und der auf ihr fußenden Theorie von Ignatius Donnelly haben die Einwohner von Atlantis aber bereits Handel mit Ägypten, Afrika, Nord- und Südamerika und fast allen Ländern, die ans Mittelmeer grenzen, getrieben. Demnach waren sie sonnenanbetende Übermenschen, deren Religion sich im Osten bis nach Ägypten, einer ihrer Kolonien, und im Westen bis nach Peru ausgebreitet hatte.

Ist nun die Grundlage für alles Wunschdenken der Menschen und die universelle Erinnerung an ein großartiges, mitten im Atlantik versunkenes Land, an die Wiege der Zivilisation, nur ein Märchen, eine Legende? Zumindest hat die Atlantik-Theorie einen kräftigen Dämpfer erfahren, als man die Kontinentalverschiebung als wissenschaftliche Tatsache erkannte. Heute geht die Forschung davon aus, dass sich der Boden des Atlantiks niemals über der Meeresoberfläche befunden hat. Zudem fand man heraus, dass die vulkanischen Erhöhungen entlang des atlantischen Rückens vergleichsweise jung sind. Sie können kaum die Reste eines vor 11 500 Jahren versunkenen Kontinents sein. Und schon Aristoteles hat Platons Text als ein Gleichnis angesehen, in das dieser eigene Ideen, historische Tatsachen und uralte Mythen über das Goldene Zeitalter und die Sintflut einfließen habe lassen, um damit seiner Vorstellung vom idealen Staat, den er in seinem Werk »Die Republik« beschrieb, Ausdruck zu verleihen.

Wahrscheinlich gibt es also nirgendwo im Atlantik einen versunkenen Kontinent, und auch anderswo nicht. Vermutlich hat die größte aller menschlichen Katastrophen nie stattgefunden. Aber bewiesen ist weder das eine noch das andere. Die Menschen werden die Hoffnung nicht aufgeben, durch modernste Unterwasser-Archäologie künftig doch noch Reste der versunkenen Städte von Atlantis auf dem Grund des Ozeans zu entdecken. Und wer weiß, vielleicht taucht Atlantis eines Tages sogar wieder aus den Fluten des Meeres auf, wie es der amerikanische Seher Edgar Cayce im Jahr 1940 vorausgesagt hat? Nach wie vor muss es jedem Einzelnen überlassen bleiben, die Atlantis-Geschichte als Wirklichkeit anzunehmen oder als Legende abzutun. Vielleicht ist es mit Atlantis wie mit den Ufos: Aus der Fantasie der Menschen sind auch sie nicht mehr wegzudenken.

Das große Rätsel

Eine weltweite »Sintflut« um 2400 v. Chr.?

Über kaum eine Katastrophe in der Geschichte der Menschheit ist so viel geschrieben worden wie über die Sintflut. Es existieren darüber mehr als 80 000 Werke in 72 Sprachen. Wenn wir das Wort »Sintflut« hören, denken wir unwillkürlich an »Sündenflut«. Doch die Vorsilbe »Sint« hat nichts mit Sünde zu tun. Sie ist althochdeutsch und bedeutet »groß, weit«. Bei der Erwähnung des Wortes »Sintflut« kommt uns aber auch sofort die Bibel in den Sinn, genauer gesagt die wundersame Geschichte von der Arche Noah aus dem Alten Testament. Im 1. Buch Mose ist zu lesen: »Und der Herr sprach zu Noah: Gehe in den Kasten, du und dein ganzes Haus … Denn von nun an über sieben Tage will ich regnen lassen auf Erden, 40 Tage und 40 Nächte, und vertilgen von dem Erdboden alles, was das Wesen hat, das ich gemacht habe … Und da die sieben Tage vergangen waren, kam das Gewässer der Sintflut auf Erden.« Der Schreiber, der diesen Text um 600 v. Chr. verfasst hat, verrät uns, dass Noah bereits 600 Jahre alt ist, als die Katastrophe »am 17. Tag des zweiten Monats« geschieht. An diesem Tag seien »alle Brunnen der großen Tiefe aufgebrochen« und »alle Fenster des Himmels« hätten sich aufgetan.

Doch ist diese Geschichte wahr? Und wenn ja, wann und wo hat sie sich ereignet? Nach den Angaben von James Ussher, einem irischen Erzbischof aus dem 17. Jahrhundert, fand die Katastrophe im Jahr 2348 v. Chr. statt. In der umfangreichen Literatur wird sie auch in die Zeit um 4000 v. Chr. verlegt. Denn für diesen Zeitpunkt konnte in Südmesopotamien durch den Fund einer Lehmschicht bei der Stadt Ur am Euphrat eine große Überschwemmung archäologisch nachgewiesen werden. Im Jahr 1929 wurden dort von dem englischen Archäologen Leonard Woolley Proben einer 19 Meter dicken Schicht aus dem Erdboden entnommen, die mit Ausnahme eines drei Meter tiefen Abschnitts von Sand und Lehm eindeutig Anzeichen von menschlicher Zivilisation aufwies. Diese kompakte Sandschicht und die Anzeichen menschlicher Kultur darunter und darüber deuten darauf hin, dass sich der Sand innerhalb kurzer Zeit angesammelt hat. Das Wasser muss hier über acht Meter hoch gestanden haben, sonst hätte sich eine solche Schicht nicht ablagern können. Das ganze Land, von den Wüsten des Irak bis zum Hügelland von Elaam, vom alten Babylon bis zum Persischen Golf, muss überschwemmt gewesen sein.

Nach der Bibel fand die Sintflut allerdings weltweit statt. Und sie soll noch 15 Ellen über die Spitzen der höchsten Berge hinausgereicht haben. Heute ist man, von den Zeugen Jehovas einmal abgesehen, davon überzeugt, dass dies ein Ding der Unmöglichkeit ist. Eine auf der ganzen Erdkugel 40 Tage und 40 Nächte ununterbrochen andauernde Flut ist naturwissenschaftlich einfach nicht denkbar und absolut unmöglich. Andererseits ist es auffällig, dass in den verschiedenartigen Überlieferungen fast aller Völker von einer ungeheuren Flutkatastrophe berichtet wird. Die Sage von einer verheerenden, alles vernichtenden Sintflut ist in vielen Ländern verbreitet. In Asien gibt es 13 selbstständige Fluterzählungen, in Afrika fünf, in Europa vier, in Australien und der Inselwelt der Südsee neun und in Nord-, Mittel- und Südamerika 37. Die jeweils angegebenen Ursachen sind höchst unterschiedlich. Sie reichen von massiven Regenfällen und Gewittern, Meeresfluten, Wirbelstürmen, Erdbeben und einer gigantischen Gletscherschmelze, von der in der »Edda« die Rede ist, bis hin zu dem bösen Geist Kung-kung. Dieser hat nach dem Glauben der Chinesen im Zorn eine der Säulen, die den Himmel tragen, durch einen Kopfstoß zerbrochen. Dadurch sei das Himmelsgewölbe auf die Erde gestürzt, und ungeheure Regengüsse hätten das ganze Land überschwemmt. Die Ereignisse in dieser chinesischen Schilderung sind zeitgleich mit jenen der biblischen Darstellung einzuordnen.

Die auf allen Kontinenten bekannten Geschichten von einer großen Flut wurden von Generation zu Generation weitergereicht. Sind sie wirklich alle frei erfunden? Oder gibt es eindeutige materielle Beweise? Fest steht, dass ägyptische Geschichtsbücher, in denen von 3400 bis 340 v. Chr. alle wichtigen Ereignisse – politische ebenso wie

Naturereignisse – gründlich und genau aufgeschrieben worden sind, mit keiner Silbe die Sintflut erwähnen. Fest steht aber auch, dass sich der unbekannte Autor die Geschichte der biblischen Sintflut nicht einfach ausgedacht hat. Er hat sie abgeschrieben. Die biblische Geschichte ist ein Plagiat. Darauf hat schon der Kirchenschriftsteller Eusebius (um 263–339 n. Chr.) hingewiesen. Als er eine griechische Übersetzung des babylonischen Gilgamesch-Epos las, stellte er verblüffende Übereinstimmungen fest: Archäologische Ausgrabungen förderten 1872 Reste der königlichen Bibliothek von Ninive zutage, darunter ein in Keilschrift aufgezeichnetes Epos aus der Zeit um 2600 v. Chr. Zentralfigur ist der Held Gilgamesch, König von Uruk. Auf der elften Tafel wird berichtet, Gilgamesch habe einst eine Fahrt zu seinem Urahn Utnapischtim unternommen. Und dieser habe ihm von einer großen Flutkatastrophe berichtet.

Die Übereinstimmungen mit der biblischen Erzählung sind in der Tat erstaunlich: Der Gott Ea will alles Leben vernichten, genau wie der Gott der Bibel. Er warnt Utnapischtim, den babylonischen Noah, jedoch vor der Katastrophe und befiehlt ihm, eine Arche zu bauen. Utnapischtim bringt seine nächsten Angehörigen sowie »lebende Wesen aller Art« in die Arche, die schließlich auf einem Berg strandet, nachdem alle übrigen Menschen und Tiere jämmerlich ertrunken sind. Nacheinander schickt er eine Taube, eine Schwalbe und dann einen Raben als Kundschafter los. Schließlich sichtet der Rabe das Land. Die altbabylonischen Keilschrifttexte beschreiben ziemlich genau, wo die Arche angelegt hat: am Berg Nisir im heutigen Kurdistan. Doch statt dort nach den Resten des Riesenschiffes zu suchen, folgten zahlreiche Wissbegierige der biblischen Überlieferung und gruben am 5156 Meter hohen, mit ewigem Schnee bedeckten Berg Ararat in der östlichen Türkei. Keine der zahlreichen Expeditionen hat bisher einen eindeutigen Beweis für die Existenz der Arche Noah am Ararat liefern können.

Auch in Assyrien existiert ein Sintflut-Epos. Es ähnelt stark dem Gilgamesch-Epos der Babylonier. Der Held ist hier Izdubar. Im Gegensatz zur Bibel hat es Gott in dieser Variante nicht auf die Ausrottung der ganzen Menschheit abgesehen, sondern nur auf die Vernichtung der Stadt Schuruppak. Auch die alten sumerischen Chroniken sprechen immer wieder von unnatürlich heftigen Regenfällen um das Jahr 2400 v. Chr. »Und dann kam die große Flut«, heißt es da, »und nach der Flut stiegen die Könige abermals vom Himmel herab.« Die Sumerer teilten daher in ihren Königslisten die Herrscher Mesopotamiens in die Könige vor und nach der Sintflut ein.

Kaum ein ernst zu nehmender Wissenschaftler zweifelt heute aufgrund der Vielzahl der Überlieferungen noch daran, dass es die Sintflut wirklich gegeben hat. Aber die riesige Überschwemmung war keine Menschheitskatastrophe, wie sie die Bibel schildert. Und sie löschte auch nicht alles Leben auf der Erde aus. Die Katastrophe beschränkte sich vielmehr auf die Niederungen des Euphrat und des Tigris und verwüstete hier eine Fläche von etwa 650 mal 150 Kilometern. Für die Bewohner bedeutete dieses Gebiet freilich die ganze Welt. Die Katastrophe erschien ihnen als eine Sintflut, mit der ein schrecklicher und grausamer Gott die Menschheit für ihre Sünden bestrafte.

Schwefel und Feuer

Der Untergang von Sodom und Gomorrha, 1900 v. Chr.

»Da ließ der Herr Schwefel und Feuer regnen vom Himmel herab auf Sodom und Gomorrha. Und vernichtete die Städte und die ganze Gegend und alle Einwohner der Städte und was auf dem Lande gewachsen war.« So steht es in der Bibel, im 1. Buch Mose. Gott will die Menschen für ihre Sünden bestrafen. Als Abraham sich für die Menschen einsetzt, schickt Gott zwei Engel in die beiden Städte. Sie sollen vor Ort prüfen, ob es wirklich zutrifft, dass die Einwohner der Homosexualität frönen. Dieses Verbrechen muss nach dem Willen Gottes mit dem Tode bestraft werden. In Sodom werden die beiden Engel von Lot, einem Neffen Abrahams, in dessen Haus gastfreundlich aufgenommen. Doch bald fordern einige Männer von Sodom, dass Lot ihnen seine beiden Gäste übergebe, damit sie sich sexuell an ihnen vergehen können. Zum Schutz seiner Gäste bietet ihnen Lot stattdessen seine beiden jungfräulichen Töchter an. Doch an diesen sind die Männer nicht interessiert. Sie drohen, gewaltsam in Lots Haus einzudringen. Daraufhin lässt Gott sie durch die Engel blenden. Sein Entschluss, die Städte zu zerstören, steht nun fest. Der gottgefällige Lot wird mit seiner Familie als Einziger vor der Vernichtung bewahrt. Doch seine Frau missachtet die Anordnung der Engel, sich beim Verlassen der Stadt nicht umzudrehen. Sie tut es doch und erstarrt zur Salzsäule.

Diese biblische Geschichte könnte wahrhaftig aus unseren Tagen stammen. Sie enthält alles, was eine gute Story braucht: Sex und Crime und ein tragisches, unheilvolles Finale. Zu allen Zeiten hat diese Geschichte die Menschen beeindruckt. Und bis heute sind Sodom und Gomorrha Sinnbilder für Verderbtheit und sexuelle Exzesse. Doch eine spannend erzählte Geschichte dürfen wir nicht mit historischen

Fakten verwechseln. Die Frage ist: Hat sich das alles wirklich so zuge-
tragen? Existierten die beiden Städte überhaupt und sind sie tatsächlich untergegangen? Und wie und wann geschah dies?

Es gibt Beschreibungen und Zeugnisse aus der Antike, die darauf
hinweisen, dass zwei Städte mit den Namen Sodom und Gomorrha
im Gebiet des Toten Meeres gelegen haben. Dieses einzigartige Gewässer, das Mündungsbecken des Jordan, wurde früher auch »Meer
von Sodom« genannt. Allerdings fanden Archäologen bisher nicht
die geringste Spur von den beiden verruchten Städten. Offenbar sind
sie vollständig von der Bildfläche verschwunden. Ein Vulkanausbruch? Wohl kaum. Zwar gab es im weiteren Umkreis einige Vulkane. Aber sie sind seit Zehntausenden von Jahren erloschen. Ein
Asteroid oder ein in der Luft zerborstener Meteorit? Auch dafür gibt
es keinen Anhaltspunkt. Auffällig ist hingegen der Riss in der Erdkruste, der vom Taurusgebirge in Kleinasien über das Südufer des
Toten Meeres bis zum Golf von Akaba verläuft und auf dem afrikanischen Kontinent endet. In den Bergen von Galiläa, im Hochland
von Ostjordanien und am Golf von Akaba gibt es schwarzen Basalt
und Lava. In allen Gebieten entlang des gewaltigen Risses fanden
schon immer starke Erdbeben statt. Und ein ebensolches Erdbeben
wurde geologisch für 1900 v. Chr. genau ermittelt. Es wurde begleitet von riesigen Feuersbrünsten und vom Austritt schwefelhaltiger
Gase. Noch heute kommen solche Beben im Tal des Toten Meeres
vor. Und noch heute werden die Ufer des Toten Meeres dabei sehr
schnell brüchig und rutschen leicht ins Meer.

Das Beben von 1900 v. Chr. hat die Orte im Tal, darunter auch
Sodom und Gomorrha, mit in die Tiefe gerissen. Dabei ist der ganze
südliche Zipfel des Toten Meeres entstanden. Noch heute misst
das Meer dort, unweit der Halbinsel El Lisan, die im Arabischen
»die Zunge« heißt, nur wenige Meter bis zum Grund, während der
nördliche Teil bis zu 400 Meter tief ist. Ein mächtiger Knick teilt
das Meer gleichsam in zwei Teile. Im südlichen Teil des Salzmeeres
zeichnen sich in einigem Abstand vom Ufer deutlich die Umrisse
von uralten Wäldern unter dem Wasserspiegel ab. Der außergewöhnlich hohe Salzgehalt des Wassers hat sie konserviert. Dieser
merkwürdig flache Teil des Toten Meeres war nichts anderes als das
Tal Siddim, in dem auch die beiden Städte lagen. Das können wir
sogar wörtlich aus der Bibel entnehmen: Im 1. Buch Mose heißt es,

die Könige seien alle im Tal Siddim zusammengekommen, »wo nun das Salzmeer ist«.

Für die Menschen, die damals hier lebten, muss das Beben eine ungeheure Katastrophe gewesen sein, mit einer hohen Zahl von Toten. Wem es gelang, dem Zentrum des Unglücks zu entkommen, den erstickten die Giftschwaden. Diese wehten weit über das Land, bis zum 15 Kilometer langen und 45 Meter hohen Salzgebirge, das sich westlich vom Südufer ausdehnt. Im Sonnenlicht funkelt und glitzert es wie Diamanten. Seltsame Salzformen haben sich gebildet, einige stehen aufrecht wie Statuen und erinnern lebhaft an die biblische Salzsäule von Lots Frau. An der Geschichtlichkeit des Erbebens und des Untergangs der Städte besteht heute kein Zweifel mehr. Das Datum bestätigt die biblische Erzählung: 1900 v. Chr., das ist die Zeit Abrahams.

Die Vernichtung der minoischen Kultur
Thera-Explosion, Sommer 1470 v. Chr.

Farbenfrohe Freskomalerei und bemalte Stuckreliefs schmücken die fürstlichen Paläste der Minoer in Knossos, Phaistos und Malia. Seit dem dritten Jahrtausend vor Christus leben sie auf der Insel Kreta und treiben Handel mit Sizilien, Ägypten, Attika und dem gesamten Ägäisraum einschließlich des kleinasiatischen Festlands im Osten. Die Becher und Gefäße besitzen die feinsten figürlichen Reliefs, und die Vasen und Krüge sind auf hellem Tongrund schwarz gemustert. Die Kultur der Minoer ist hoch entwickelt, sie verfügen bereits über eine Bilder- und Linearschrift. Und sie besitzen die größte Flotte der antiken Welt. Doch dann geschieht das Unglück: Im Sommer des Jahres 1470 v. Chr. donnert eine riesige, 30 bis 50 Meter hohe Flutwelle über Kreta hinweg und erreicht drei Stunden später das Nildelta. Die Minoer und ihre Kultur werden auf einen Schlag vernichtet, sie verschwinden für immer von der Bildfläche. Zusammen mit den Wassermassen bedeckt eine tiefe Dunkelheit für Tage, wenn nicht gar Wochen den gesamten östlichen Mittelmeerraum. Die Bibel berichtet davon. Dort steht geschrieben, dass »eine dicke Finsternis« über Ägypten kam, die so dicht war, »dass niemand den andern sah noch aufstand an dem Ort, da er war, in drei Tagen«.

Was ist geschehen? Sandstürme, eine Sonnenfinsternis, die Sintflut? Auf einer wahrscheinlich während der Regentschaft des Pharaos Thutmosis III. (1479–1425 v. Chr.) verfassten ägyptischen Papyrusrolle, dem sogenannten Ipuwer-Papyrus, ist zu lesen: »Es ist alles durcheinander, und schrecklicher Lärm erfüllt die Luft. Schon neun Tage kann man nicht den Palast verlassen, und niemand konnte auch nur das Gesicht des Nächsten sehen. Städte wurden durch mächtige Fluten zerstört. Oberägypten wurde verwüstet. Überall ist

Blut. Krankheiten beherrschen das Land. Niemand segelt mehr nach Byblos. Woher sollen wir die Zedern nehmen für unsere Mumien? Priester werden mit Grabbeigaben aus der Fremde begraben und die Adligen mit dem Öl aus Kreta. Aber die Menschen aus Kreta kommen nicht mehr.«

Verantwortlich für diese Katastrophe ist der wohl verheerendste Vulkanausbruch, den die Menschheit je erlebt hat. Er ereignet sich etwa 100 Kilometer nördlich von Kreta auf der griechischen Kykladeninsel Thera, die seit dem Mittelalter auch Santorin heißt. Schon im Pleistozän hat es hier rege Vulkantätigkeit gegeben. Im Laufe der Jahrtausende ist der Vulkan von Thera auf die stattliche Höhe von 1600 Metern angewachsen und bedeckt nun eine Fläche von 83 Quadratkilometern. Menschen haben sich hier angesiedelt, was darauf hinweist, dass der Vulkan seit langer Zeit geruht hat. Doch im Sommer des Jahres 1470 v. Chr. fliegt er plötzlich in einer gigantischen Explosion in die Luft. Sie hat die Kraft von mehreren Hundert Wasserstoffbomben, wie Wissenschaftler errechnet haben. Auch das Datum können wir heute ziemlich genau festlegen: Berechnungen mithilfe der Radiokarbonmethode haben ergeben, dass der Ausbruch in das 15. Jahrhundert vor Christus fällt.

Der Berggipfel wird vollkommen pulverisiert, und die Kegel nahe gelegener Vulkane stürzen ebenfalls ein. Eine gewaltige Fontäne geschmolzenen Gesteins schießt in den Himmel und ergießt sich über die Mittelmeerinseln bis nach Ägypten in das südöstliche Mittelmeer, wo die Asche noch heute als mehrere Zentimeter bis viele Meter dicke Schicht auf dem Meeresboden liegt. Ein Gebiet von 200 000 Quadratkilometern wird mit Asche bedeckt und in Finsternis gehüllt. Der ausgehöhlte Thera-Vulkan stürzt in seinen Krater tief unter der Meeresoberfläche und verursacht eine Flutwelle, die am Ausgangspunkt 1500 Meter hoch gewesen sein muss. Dieser durch plötzliche Verdrängung von Wasser ausgelöste Tsunami ist der bisher größte seit Menschengedenken. Er vernichtet zusammen mit enormen Mengen niedergehender Asche und Bimssteins die gesamte minoische Zivilisation. Die wenigen Überlebenden fliehen nach Griechenland und gründen dort die mykenische Kultur.

Einige Autoren und Wissenschaftler, wie zum Beispiel Professor George Galanopoulos von der Universität Athen, nehmen an, dass die in der Bibel beschriebene Teilung des Roten Meeres, die es dem

Volk Israel ermöglichte, dem Zorn des Pharaos zu entkommen, auf genau diesen Tsunami zurückzuführen ist. Der Springflut ging eine plötzliche Ebbe voraus, die Moses und sein Volk genutzt haben könnten, das Wasserbett ohne größere Probleme zu durchqueren. Die Bibelforscher setzen den Auszug des Volkes Israel aus Ägypten etwa um das Jahr 1450 fest, also ungefähr zeitgleich mit der Thera-Explosion. Andere Autoren und Archäologen stellen allerdings fest, dass intensive Ausgrabungen in der Wüste Sinai nicht den Hauch eines Hinweises auf die 40-jährige Odyssee erbracht hätten. Sie schließen daraus, dass es überhaupt keinen Exodus des Volkes Israel aus Ägypten gegeben habe. Unabhängig von dieser Frage spricht jedoch einiges dafür, dass die in der Bibel als neunte Plage Ägyptens genannte große Finsternis dieselbe vulkanische Wolke war, die die gesamte östliche Mittelmeerregion nach dem Ausbruch in Dunkelheit hüllte.

Im Jahre 1899 erbrachte eine deutsche archäologische Expedition auf Santorin durch zahlreiche Ausgrabungen den Beweis, dass die Hälfte der einst runden Insel durch den Vulkanausbruch in die Luft geflogen ist. Sie hat heute die Form einer großen, nach Westen geöffneten Sichel mit einem riesigen Kraterrand, der Caldera, in der Mitte. Amerikanische und griechische Archäologen setzten 1969 die Ausgrabungen fort und legten eine gut erhaltene, hoch entwickelte Stadt der Minoer frei. Die mehrstöckigen, mit herrlichen Wandmalereien versehenen Häuser sind mit fließendem Wasser, Bädern und sanitären Anlagen ausgestattet und besitzen in den Schlafräumen sogar eine Unterbodenheizung. Unterirdisch sind große Abwassersysteme angelegt. Die Fresken zeigen meist Naturdarstellungen, blühende Lilien, Antilopen, Delfine, Schwalben im Flug und spielende Affen, aber auch Kinder mit langen Zöpfen und Handschuhen beim spielerischen Boxkampf. Auch grazile Frauengestalten in leichten Gewändern, mit entblößten Brüsten und kunstvoll drapiertem Haar sind abgebildet. Frauen scheinen bei den Minoern eine besondere Stellung gehabt zu haben, wohingegen bisher nirgendwo Darstellungen blutiger Schlachten entdeckt worden sind, wie sie etwa auf den Reliefs in Ägypten oder Kleinasien vorherrschen.

Kein Minoer hat sich in überlebensgroßen Skulpturen verewigt, um seine Überlegenheit oder Göttlichkeit zu demonstrieren. Aber man hat bisher nur ein einziges Skelett eines vom Ascheregen über-

raschten Mannes gefunden. Das deutet darauf hin, dass die Inselbewohner – anders als in Pompeji – auf den Vulkanausbruch vorbereitet waren und Thera rechtzeitig und ohne Panik verlassen haben.
Eine erste, dünne Ascheschicht, die sich Tage oder gar Wochen vor
der großen Explosion auf die Insel legte, hat die Bewohner wahrscheinlich gewarnt. Vielleicht sind auch leichte Erdbeben vorange-
gangen, wofür die Risse in einigen Häuserwänden ebenso sprechen
wie die zerbrochenen Stufen einer freigelegten steinernen Haus-
treppe. Die Menschen konnten sich vermutlich auf ihren Schiffen
in Sicherheit bringen und sogar ihre Reichtümer mitnehmen. Denn
nach Gold und Silber hat man auf Thera bisher vergeblich gegraben.
Die Ausgrabungsstätte hat den Namen des nahe gelegenen Dorfes
Akrotiri erhalten. Der wahre Name der alten Minoerstadt ist bisher
nicht bekannt. Da aber erst etwa ein Zehntel der Fundstelle freigelegt
und ausgewertet ist, wird man noch mehrere Jahrhunderte benötigen, um die ganze Stadt von Asche und Stein zu befreien. Und vielleicht bringt die Zukunft noch ungeahnte Funde und Entdeckungen
ans Tageslicht.

Es fehlt nicht an Theorien, die in dieser untergegangenen Welt der
Minoer sogar Atlantis mit seiner idealen menschlichen Gesellschaft
sehen wollen, wie sie Platon in seinem Atlantisbericht zum Vorbild
genommen hat. Doch Solon zufolge, auf den sich Platon stützt, soll
Atlantis bereits um 9000 v.Chr. untergegangen sein. Außerdem
erscheint es höchst zweifelhaft, dass sich das mächtige Volk der
Atlanter ausgerechnet auf dem flächenmäßig recht kleinen Areal der
Caldera von Thera angesiedelt haben soll. Die Minoer waren zudem
friedliebend, sodass sie mit den kriegerischen Atlantern, so es sie
denn überhaupt jemals gegeben hat, nicht identisch sein können. In
einem Punkt gibt es allerdings eine Übereinstimmung: Die Spuren
beider Völker verlieren sich plötzlich und auf rätselhafte Weise in der
Geschichte.

Ein alter Feind

Wanderheuschrecken in Afrika, um 1250 v. Chr. bis 2004 n. Chr.

Seit Urzeiten sind sie eine Plage der Menschheit, eine große, gefräßige Gefahr:»Acrididae«, die wandernden Feldheuschrecken mit den kräftigen Hinterbeinen. Der in der Zoologie gebräuchliche lateinische Name für die unscheinbaren braunen oder grauen, nur fünf Zentimeter langen Tiere klingt harmlos. Und bei manchen Menschen sind sie sogar als unermüdliche Musikanten beliebt. Denn die Männchen zirpen kräftig mit Schrillleisten an ihren Flügeldecken, um die stummen Weibchen anzulocken. Doch da die Heuschrecken sich ausschließlich von Pflanzen ernähren, richten sie oft großen Schaden an. In riesigen Schwärmen fressen sie innerhalb kürzester Zeit ganze Landstriche kahl.

Heuschrecken zählen zu den Insekten, einer zwar kurzlebigen, aber äußerst fruchtbaren Tierklasse, deren Evolution geradezu explosiv verlief. Den etwa 200 000 anderen Tierspezies auf unserem Planeten stehen rund 700 000 Insektenarten gegenüber. Auf der Erde leben gegenwärtig etwa eine Trillion dieser Lebewesen – also rund 150 Millionen pro Kopf der Erdbevölkerung. Allein bei den Wanderheuschrecken gibt es zehn Arten. Sie leben zunächst als bloße Hüpfer solitär und ohne Wandertrieb. Dann folgt die Wanderphase, in der die nun geflügelten erwachsenen Tiere zusammenleben. Entscheidend für die Wanderphase sind Umweltfaktoren wie genügend Nahrung, günstiges Klima und geeignete Eiablageorte. Der Zug erfolgt einheitlich in eine Richtung. Eine Änderung ergibt sich nur durch unüberwindbare Hindernisse wie Meere oder Gebirge. Unter günstigen Windbedingungen kann ein Heuschreckenschwarm bis zu 50 Kilometer pro Tag zurücklegen. Ein erwachsenes Tier schafft so zwischen den Brutzyklen bis zu 5000 Kilometer.

Manche Schwärme haben eine Ausdehnung von bis zu zwölf Quadratkilometern; sie können sich aus 700 Millionen bis zu mehreren Milliarden Tieren zusammensetzen. Eine solche unheildrohende finstere Wolke lässt sich mit dem ohrenbetäubenden Lärm zahlloser Flügelschläge plötzlich auf grünen Äckern oder gelben Getreidefeldern nieder. Innerhalb weniger Minuten sind Tausende Tonnen Getreide aufgefressen. Jedes Mal, wenn der Schwarm frisst, legen die Weibchen Hunderte von Eiern ab. Auf diese Weise vermehren sich die Heuschrecken rasch um das Hundertfache.

Schon in der Bibel werden diese Tiere als achte Plage erwähnt. Die Katastrophe geschieht etwa um 1250 v. Chr. in Ägypten zur Regierungszeit Ramses II. (1279–1213 v. Chr.): Da sich der Pharao weigert, das gedemütigte Volk Israel endlich in die Freiheit ziehen zu lassen, schickt Gott ihm nach der biblischen Überlieferung einen gigantischen Heuschreckenschwarm. Der Ostwind führt diesen nach Ägypten, wo sich die Heuschrecken»an allen Orten« niederlassen und das ganze Land bedecken und die Sonne verfinstern:»Und sie fraßen alles Kraut im Lande auf und alle Früchte auf den Bäumen ... und ließen nichts Grünes übrig.« Die Folge ist eine schlimme Hungersnot. Die alten Ägypter sind der Plage hilflos ausgesetzt. Sie kennen noch keine biologischen Waffen gegen die Heuschrecken, anders als gegen Ratten und Mäuse – hier helfen die von ihnen vergötterten Katzen.

Die Heuschreckenplage hat sich bis in unsere Tage erhalten. Selbst mit modernsten Insektenvernichtungsmitteln, die von Flugzeugen aus versprüht werden, kann kaum etwas gegen die Schädlinge ausgerichtet werden. Im Sommer 1988 kommt es in Afrika zu einer furchtbaren Hungersnot, ausgelöst durch Heuschrecken. Der feuchte Winter 1987/88 ist in Mali und Mauretanien ideal für die Heuschreckenbrut. Anfang 1988 fliegt ein mächtiger Schwarm nach Norden und vernichtet die Ernten in Marokko und Algerien. Bis zum Juni frisst er eine Million Tonnen Getreide im Tschad, Niger und Sudan. Einige Schwärme werden vom Wind quer durch Afrika nach Osten getrieben und erreichen sogar Indien. Insgesamt sind 28 Staaten von der verheerenden Katastrophe betroffen. Sie breitet sich über ganz Afrika aus, obwohl die Vereinten Nationen 240 Millionen Dollar für die Bekämpfung der Insekten bereitstellen.

Im Jahr 2004 fallen die Heuschrecken erneut ins westliche Afrika ein und fressen es kahl. Fast alle Hirse- und Erdnussfelder werden innerhalb kürzester Zeit vernichtet. Am stärksten betroffen ist Mauretanien, wo 80 Prozent der Ernte zerstört werden. In der Hauptstadt Nouakschott werden weder die Bäume am Straßenrand noch der Rasen des Fußballstadions verschont. In Gambia wird der nationale Notstand ausgerufen. Und auch in Mali, Niger und Nigeria wüten die Schwärme. Einige überqueren Ende des Jahres sogar den Atlantik und überfallen die Kanarischen Inseln. In den Krisenregionen Afrikas sind Millionen Menschen am Verhungern. Die Bauern pflügen verzweifelt ihre Felder um, um die im Boden vergrabenen Eier zu zerstören. Sie entzünden große Feuer oder machen Lärm mit selbst gebastelten Instrumenten aus Dosen und Steinen, um die Heuschreckenschwärme zu vertreiben oder am Niederlassen zu hindern. Doch all diese Bemühungen sind wenig erfolgreich. Der Gesamtschaden beträgt Hunderte Millionen Dollar.

Gefräßige Heuschreckenschwärme werden also auch weiterhin die Erde heimsuchen. Der Kampf mit modernsten Pestiziden hat die immense Vermehrung und Verbreitung dieser Tiere bisher nicht eindämmen können. Und obwohl sie seit Jahrtausenden biologische Feinde wie Vögel und Säugetiere haben, ist ihre Spezies nach wie vor in einer geradezu atemberaubenden Entwicklung begriffen. Was macht es da schon aus, dass der von ihnen bedrohte Mensch, wie zum Beispiel in Marokko, die Tiere einsammelt, grillt und wie Krabben als Delikatesse verzehrt?

Verheerende Erdbeben im antiken Griechenland

(Sparta 464 v. Chr. – Helike 373 v. Chr. – Rhodos 227 v. Chr.)

Wenn die Erde bebt, dann packt den Menschen ein grenzenloses Grauen. Denn die Erde, auf der wir mit beiden Beinen stehen, ist seit Urtagen der Inbegriff des Festen, des Unverrückbaren. Umso furchtbarer ist es für die Betroffenen, wenn die mächtige Kraft und Energie, die sich im Erdinneren verbirgt, plötzlich freigesetzt wird und die Erde sich meterbreit wie ein Moloch auftut und alles verschlingt. In Sekundenschnelle stürzen Häuser ein, werden blühende Städte in Ruinen verwandelt, Seen wasserlos, ganze Landschaften umgepflügt und komplett umgestaltet, und Flüsse oder Küstenlinien nehmen einen anderen Verlauf. Das geschieht regelmäßig und insbesondere in den stark erdbebengefährdeten Gebieten natürlich nicht nur in jener Zeit, in der wir gerade leben. Auch die Menschen der Antike sahen sich immer wieder solchen Schrecknissen ausgesetzt, die mit furchtbarer Urgewalt unvorhergesehen über sie hereinbrachen.

Eines der ersten katastrophalen Erdbeben, von denen die Geschichtsschreibung berichtet, verwüstet im Jahre 464 v. Chr. das antike Griechenland. Es ist gerade einmal 16 Jahre her, da die erstmals in ihrer Geschichte vereinten Griechen dank der Umsicht und des Einfallsreichtums des Atheners Themistokles in der Bucht von Salamis einen glorreichen Sieg über die Perser errungen haben. Tapfere Spartaner haben sich unter Leonidas an den Thermopylen geopfert und mit ihrem Heldenmut zum Sieg über den übermächtigen König Xerxes beigetragen. In den Jahren danach sonnen sich die Spartaner in ihrer Heimat Lakedämonien auf dem Peloponnes in ihrem Ruhm und führen unter ihrem Herrscher Archidamos weiterhin ein einfaches, ganz auf Krieg und den Dienst am Staat eingestelltes Leben. Doch dann sehen sie sich plötzlich einem Feind gegenüber, dem sie hilflos ausgeliefert sind und von dem sie ungewöhnlich hart getroffen werden: Ein gewaltiges Erdbeben erschüttert 464 v. Chr. den Peloponnes und zerstört nahezu ganz Sparta. Nach einem antiken Bericht überstehen nur fünf Häuser im ganzen Staat die Katastrophe unbeschadet. »Die blühende Jugend Spartas wurde unter den Trümmern begraben«, schreibt ein Chronist. Über 20 000 Menschen sterben, und noch viel mehr werden verletzt. Eine enorme Zahl angesichts der damals geringen Bevölkerungsdichte.

Die Katastrophe bedroht Sparta in seiner Existenz. Die Stadt liegt in Trümmern. Die von den Spartanern versklavten Heloten nützen das entstandene Chaos zu einem Aufstand auf dem heiligen Berg Ithome; die Aufrührer ziehen plündernd durch die verwüsteten Straßen. Wer von ihren Gebietern die Katastrophe überlebt hat, wird niedergemetzelt. Es gelingt den »Staatssklaven«, die ganze Stadt unter ihre Kontrolle zu bringen. Die arg dezimierten Spartaner werden mit der Lage nicht fertig; sie sehen keinen anderen Ausweg mehr, als ihre Rivalen, die Athener, um Hilfe zu bitten. Diese entsenden tatsächlich ein starkes, kampfkräftiges Aufgebot, mit dessen Hilfe es gelingt, den Aufstand niederzuschlagen. Doch die Athener werden nach dem Sieg ohne ein Wort des Dankes von Sparta wieder zurückgeschickt. Darüber ist man in Athen sehr erbost. Eine feindselige Stimmung entsteht, die wenige Jahre später zum Peloponnesischen Krieg (431–404) zwischen beiden Lagern führt. Es tritt der in der Geschichte einmalige Fall ein, dass ein Erdbeben letztlich zum Ausbruch eines Krieges führt; zumindest hat die furchtbare Naturkatastrophe nicht unwesentlich dazu beigetragen.

Knapp hundert Jahre später erschüttert erneut ein schlimmes Erdbeben das antike Griechenland, und zwar im nördlichen Peloponnes. Betroffen ist die blühende Stadt Helike am Golf von Korinth. Sie ist die führende Stadt im Achäischen Bund, einem im 5. Jahrhundert v. Chr. entstandenen Zusammenschluss von zwölf Stadtstaaten des nordpeloponnesischen Stammes der Achäer. In einer kalten Winternacht des Jahres 373 v. Chr. beginnt die Erde plötzlich äußerst heftig zu beben. Voller Panik rennen die Menschen aus ihren Häusern und werden auf den Straßen unter den einstürzenden Dächern und Mauern begraben. Der griechische Geschichtsschreiber Diodor schreibt etwa 200 Jahre später in seiner »Universalgeschichte«, niemals zuvor seien griechische Städte von einer solch schlimmen Katastrophe getroffen worden und vollkommen verschwunden. Denn am Morgen nach dem Beben trifft Helike ein noch größeres Unglück:»Das Meer türmte sich zu einer immensen Höhe, und eine riesige Flutwelle überschwemmte alle samt ihrer Heimatstadt.« Helike liegt zwar etwa zwei Kilometer vom Meer entfernt, wird aber dennoch von einem gewaltigen Tsunami überschwemmt, und die Stadt versinkt mit allen ihren Menschen sowie mit zehn im Hafen vor Anker liegenden Kriegsschiffen aus Sparta vollständig im Meer. Das Flutwasser geht nicht zurück, sondern bildet eine Art Lagune. Durch das komplette Versinken Helikes wurde möglicherweise Platon, ein Zeitzeuge des Geschehens, zu seiner Erzählung über den Untergang von Atlantis inspiriert.

Etwa 100 Jahre nach der Katastrophe kommt der griechische Geograf Eratosthenes von Kyrene, der schon damals mit erstaunlicher Präzision den Erdumfang berechnet hatte, an den Unglücksort und fährt mit einem Boot aufs Meer hinaus. Die Fischer aus der Gegend berichten ihm, auf dem Meeresgrund befinde sich auch die große bronzene Tempelstatue des Poseidon, des Schutzgottes des Meeres und der Erdbeben. In den Händen halte die Statue noch immer ein gezacktes Seepferd, das eine Gefahr für die Netze der Fischer darstelle. Im zweiten nachchristlichen Jahrhundert sieht der griechische Schriftsteller Pausanias in seinen Reisebeschreibungen Griechenlands den Untergang Helikes als eine Ironie des Schicksals an. Als Grund, dass Poseidon die Stadt habe versinken lassen, gibt Pausanias an, die Gottheit sei erzürnt gewesen, weil die Einwohner Helikes Schutzsuchenden den Zutritt zum heiligen Tempel verweigert hätten. In den Jahren 2000 bis 2003 findet ein griechisch-amerikanisches Forscherteam schließlich bei Ausgrabungen Überreste der versunkenen Stadt.

Rund 150 Jahre nach der Katastrophe von Helike erschüttert erneut ein schweres Erdbeben das antike Griechenland: Im Jahr 227 v. Chr. wird im östlichen Mittelmeer die Inselhauptstadt Rhodos schwer beschädigt. Dabei wird auch eines der sieben Weltwunder, der Koloss von Rhodos, zerstört. Die 30 bis 35 Meter hohe, aus Bronze gegossene Statue des Sonnengottes Helios, dem Schutzgott der Insel, war erst in den Jahren 304 bis 292 v. Chr. unter der Leitung von Chares von Lindos errichtet worden. Das monumentale Bauwerk überdauerte folglich nur wenige Jahrzehnte. Der griechische Geschichtsschreiber und Geograf Strabon schreibt etwa 230 Jahre nach der Katastrophe von Rhodos in seiner »Geografie«, der Koloss sei beim Beben in den Knien eingeknickt und umgestürzt. Doch Strabon sagt ebenso wenig wie andere antike Autoren, wo genau die Statue gestanden und wie sie ausgesehen hat. Vermutlich war Helios als nackter junger Mann mit Strahlenkranz über dem lockigen Haar dargestellt. Die im späten Mittelalter aufgekommenen Abbildungen, auf denen der Koloss an der Hafeneinfahrt mit gespreizten Beinen auf den Enden der beiden Molen steht, sodass Schiffe hindurchfahren konnten, gehören hingegen in den Bereich der Legenden. Nach heutigen Erkenntnissen stand der Koloss wahrscheinlich nicht einmal im Hafen, sondern landeinwärts etwa dort, wo sich heute das Kastell St. Nikolaus befindet. Dort blieb die riesige Statue mehrere Jahrhunderte liegen, bis sie die Araber im 7. Jahrhundert n. Chr. abtransportierten.

In vorchristlicher Zeit wusste man nichts über die Ursachen der schweren Erdbeben im Mittelmeerraum. Man schrieb sie dem Zorn der Götter zu. Heute wissen wir, dass die äußere Schicht der Erde, die Lithosphäre, aus sieben größeren und zwölf kleineren, etwa 95 Kilometer dicken Platten besteht, auf denen unsere nur 40 Kilometer dicken Kontinente sitzen. Diese Platten sind ständig in Bewegung. Wenn sie an den Kontinenten entlangdriften, kommt es zu Zusammenstößen. Sie schieben sich über- oder untereinander; manche Platten driften aber auch auseinander. Entlang solcher Linien kommt es zu Erdbeben und vulkanischer Aktivität. Wenn die Platten kollidieren, wird eine Spannungs- oder Druckwelle erzeugt, die sich bis an die Erdoberfläche fortsetzt. Die Erdhülle verhält sich wie die Oberfläche des Meeres und folgt den Regeln von Ebbe und Flut.

Auf einer solchen Spannungslinie, an der sich zwei Platten berühren, ereignet sich im Juni des Jahres 217 v. Chr. an der Küste Nordafrikas ein weiteres starkes Erdbeben, von dem römische Geschichtsschreiber berichten. Dieses Jahr ist nicht nur wegen der Katastrophe in die Geschichte eingegangen, sondern auch durch den Sieg Hannibals über die Römer am Trasimenischen See in Mittelitalien. Auch Hannibals nordafrikanische Heimat Karthago ist von dem Beben betroffen. Über 100 nordafrikanische Städte sollen zerstört worden sein, darunter auch Alexandria. Zwischen 50 000 und 75 000 Menschen sterben – für die damalige Zeit mit ihren noch relativ dünn besiedelten Gebieten ist das eine gewaltige Zahl. Die Katastrophe muss für die dortigen Völker verheerend gewesen sein. Die Auswirkungen des Bebens sind noch in den Städten Italiens zu spüren, wo Flüsse und Seen über ihre Ufer treten und weite Landstriche verwüsten. Auch die Via Appia von Capua bis Tarentum, die in diesem Jahr gerade erst teilweise fertiggestellt worden ist, wird überflutet. Im antiken Griechenland sind die Bewohner froh, dass man diesmal nicht direkt betroffen ist. Aber auch hier führen die mittelbaren Folgen dieses Bebens zu erheblichen Schäden.

Katastrophen in früher nachchristlicher und mittelalterlicher Zeit (0–1600)

»Höllengipfel im Paradies«

Der Vesuv erwacht, 24./25. August 79 n. Chr.

Der Vesuv sei eine »furchtbare, ungestalte Aufhäufung, die sich immer wieder selbst verzehrt und allem Schönheitsgefühl den Krieg ankündigt«, notiert Johann Wolfgang von Goethe während seiner Italienreise am 6. März 1787 in seinem Tagebuch. Und nachdem er den Berg mehrmals bestiegen hat, schreibt er am 20. März aus Neapel, der Vesuv sei ein »mitten im Paradies aufgetürmter Höllengipfel«.

Jenes Ereignis, das dem an der Westküste Unteritaliens, mitten in der herrlichen Landschaft Kampaniens gelegenen Vulkan für alle Zeiten diese negativen Attribute verliehen hat, liegt bereits 1708 Jahre zurück, als Goethe den umwölkten und »aus allen Enden dampfenden Aschenberg« erklimmt. Die Explosion des Vesuvs im Jahre 79 n. Chr. – während der kurzen Regierung des Kaisers Titus, mitten in der Blütezeit des Römischen Reiches – ist eine der größten Katastrophen der Antike. Es ist zugleich der bekannteste Vulkanausbruch in der Geschichte der westlichen Welt, vielleicht sogar in der Geschichte der Menschheit. Gemessen an der Zerstörungskraft ist die Katastrophe vergleichsweise eher klein. Doch als sie geschieht, weiß man nicht, dass der Vesuv ein Vulkan ist. Seine letzten Aktivitäten liegen 10 000 Jahre zurück, seitdem hat er sich vollkommen ruhig verhalten. Niemand kann sich an einen Ausbruch erinnern. Auf seinen Hängen liegen Weinberge, Landhäuser und Villen.

Überliefert und erhalten geblieben ist der Bericht eines Augenzeugen: Gaius Plinius, bekannt geworden als Plinius der Jüngere, schildert in zwei Briefen an seinen Freund, den römischen Historiker Tacitus, in dramatischen Worten, wie sein Onkel, Plinius der Ältere, bei der Katastrophe umkommt. Nichts berichtet er hingegen über den Untergang von Pompeji und Herculaneum. Große Teile

43

der beiden Städte sind noch heute verschüttet und erst zum Teil ausgegraben. Wann genau und wie geschah nun die gewaltige Eruption des Vesuvs, der nur ungefähr 1280 Meter hoch ist und nur 15 Kilometer östlich von Neapel liegt? Was haben die Menschen gedacht und gefühlt, als er plötzlich Feuer spuckte?

Misenum, 24. August 79 n. Chr.: Im Militärhafen der kleinen, nur wenige Kilometer von Pompeji entfernten Stadt liegt die römische Flotte. Plinius der Ältere ist ihr Kommandeur. Der dickleibige und kurzatmige Mann nützt den Morgen, um sich ausgiebig zu sonnen und danach ein kaltes Bad zu nehmen. Er isst etwas im Liegen und widmet sich dann im Garten seines Hauses seiner Arbeit, dem Bücherschreiben. Sein neuestes Werk »Historia naturalis« hat über die Grenzen der Stadt Rom hinaus große Aufmerksamkeit erregt. Um die Mittagszeit macht ihn seine Schwester Julia darauf aufmerksam, dass am Himmel über dem Golf eine Wolke von ungewöhnlicher Form und Größe zu sehen sei. Plinius verlangt nach seinen Sandalen und steigt von der Terrasse aus ein Stück den Hang hinauf, um die wunderbare Erscheinung näher beobachten zu können. Die bräunliche Wolke im Osten sieht aus wie eine riesige, über die Küste hinwegwachsende Pinie. Ihr überlanger, dicker brauner Stamm mit schwarzen und weißen Flecken hebt sich hoch in den Himmel hinauf. Von der Krone zweigen kleine gefiederte Äste ab, die sich zur Erde hin in einen sandfarbenen Nebel auflösen. Heute wissen wir, dass die Eruptionssäule, die Plinius hier beobachtete, etwa 30 Kilometer hoch war.

Als Plinius ein dumpfes, anhaltendes Grollen vernimmt, das über den Golf zu ihm dringt und großes Unheil verkündet, lässt er schnell einige Vierdecker bereit machen. Er fährt mit den Schiffen auf die dicht bevölkerte Küste zu, um, verführt von seiner Leidenschaft für Naturphänomene, das schreckliche Schauspiel aus nächster Nähe zu betrachten, aber auch, um den Menschen in den bedrohten Städten Hilfe zu bringen. Während der Fahrt fällt Asche auf die Schiffe – je näher sie kommen, desto heißer und dichter –, und bald auch Bimsstein. Dann regnen »schwarze, angebrannte und im Feuer geborstene Steine« hernieder. Plinius der Jüngere schreibt an Tacitus: »Schon trat das Meer plötzlich zurück, und das Ufer wurde durch Felsbrocken vom Berge her unpassierbar.« Doch seinem Onkel gelingt es, in

Stabiae, am anderen Ende des Golfs, an Land zu gehen und im Haus seines Freundes Pomponianus unterzukommen.»Inzwischen leuchteten vom Vesuv her an mehreren Stellen weite Flammenherde und hohe Feuersäulen auf, deren strahlende Helle durch die dunkle Nacht noch gehoben wurde.« Am nächsten Morgen kann Plinius der Ältere kaum noch die Tür öffnen, so hoch liegen Asche und Bimssteingemisch vor dem Haus.»Infolge häufiger, starker Erdstöße wankten die Gebäude und schienen, gleichsam aus ihren Fundamenten gelöst, hin und her zu schwanken und dann wieder zurückzusinken.«

Die Menschen geraten zunehmend in Panik. Sie stülpen sich Kissen über den Kopf und verschnüren sie mit Tüchern.»Flammen und als Vorbote der Flammen Schwefelgeruch« treiben sie in die Flucht. Plinius der Ältere erstickt nach der Schilderung seines Neffen an den giftigen Gasen und der Glutwolke, die den Vulkanausbruch begleiten. Einige Forscher ziehen das heute in Zweifel, da auch die Gefährten gestorben sein müssten, wenn giftige Dämpfe wirklich die Ursache seines Todes gewesen wären. Wahrscheinlich ist Plinius einem Herzinfarkt erlegen.

Den hoch in den Himmel schlagenden Flammen folgt eine riesige schwarze Wolke, so schwarz wie Tusche. Wie ein schwerer, vor den Himmel gezogener Vorhang verfinstert sie die Sonne. Die von Plinius dem Jüngeren beschriebene Eruption wird in der heutigen Wissenschaft als »Plinian eruption« bezeichnet. Wir kennen nun jedes Detail und wissen, dass Vulkanasche sogar auf Nordafrika und Ägypten niederging: Die erste Aktivität am frühen Morgen des 24. August ist eine kleine Explosion, die einen Ascheregen auf dem Vulkan und östlich davon hervorruft. Anfangs hat der Vulkanschlot nur einen Durchmesser von rund 100 Metern. Kurz nach zwölf Uhr mittags beginnt dann die eigentliche Eruption mit dem Niedergang weißen Bimssteins auf den Gebieten südlich des Vesuvs, die ungefähr sieben Stunden andauert. Danach folgen in mehreren Ausstößen Lava und grauer Bimsstein. Die Austrittsgeschwindigkeit des Magmas beträgt etwa 1440 km/h, das entspricht zirka der Schallgeschwindigkeit.

Dann kommt der Zeitpunkt, wo so viel Magma derart schnell ausgestoßen wird, dass die Dichte der immer höher werdenden Eruptionssäule zu groß wird und die Säule nicht länger stabil bleibt. Etwa um Mitternacht bricht sie zusammen, was zur Bildung einer Glutlawine führt. Deren Kraft ist noch tödlicher als der dichte

Asche- und Steinregen. Der gewaltige Feuerball wälzt sich den Abhang des Vesuvs hinunter. In nur vier Minuten erreicht er das direkt am Meer liegende und sieben Kilometer vom Vulkan entfernte Herculaneum, einen Kur- und Erholungsort mit einer bedeutenden Bibliothek. Dort tötet er alle verbliebenen Einwohner. Die Glutwelle walzt alle Gebäude nieder, erreicht das Meer und erstarrt dort zu Stein. Jahrhundertelang sind die Ruinen Herculaneums unter einer 20 Meter tiefen Lavaschicht begraben. Heute liegt die antike Stadt zirka 500 Meter vom Ufer entfernt – so weit hat die Glutlawine im Jahr 79 n. Chr. das Ufer ins Meer hinausverlegt.

Die folgenden Wellen des Ausbruchs sind noch gewaltiger. Die vierte erreicht am Morgen des 25. August Pompeji, eine geschäftige, reiche Handelsstadt mit großen, palastartigen Gebäuden, die mit kunstvollen Wandmosaiken oder prachtvollen Gemälden ausgestattet sind. Die bei dem Ausbruch freigesetzte thermale Energie entspricht etwa dem 100 000-fachen der Atombombe von Hiroshima. Die Katastrophe trifft die Menschen völlig unvorbereitet, wenngleich Plinius in seinem Brief erwähnt, dass »während vieler Tage Erdstöße vorhergegangen« sind, allerdings »kaum furchterregend, weil in Campanien gewöhnlich«. Er sieht, wie »das Meer zurückgesaugt oder durch das Beben gleichsam zurückgeschoben« wird: »Kein Zweifel, der Strand war vorgerückt und behielt zahlreiche Meerestiere auf trockenen Sandbänken zurück. Auf der anderen Seite eine Wolke, schwarz und fürchterlich, vom Feuerhauch in spiralig bewegte Bahnen zerrissen, die sich in lange Flammengebilde aufspaltete. Die waren Blitzen ähnlich, nur größer.« Und er fährt fort: »Nicht viel später senkte sich jene Wolke auf die Erde, bedeckte das Meer; sie hatte Capri umhüllt und verborgen, das vorspringende Cap Misenum verschwinden lassen.« Mitten am Tag wird es Nacht, »aber nicht wie eine mondlose, wolkenverhangene, sondern wie eine in geschlossenen Räumen bei gelöschtem Licht. Man hörte das Geheul von Frauen, das Jammern von Kindern, das Schreien von Männern. Die einen riefen nach den Ehegatten und suchten sie am Rufen zu erkennen; die einen beklagten ihr eigenes Unglück, die anderen das ihrer Angehörigen. Es gab auch welche, die sich aus Angst vor dem Tod den Tod wünschten. Viele erhoben die Hände zu den Göttern, noch mehr aber waren der Meinung, es gäbe nirgends mehr Götter, und diese Nacht sei ewig und die letzte für die Welt.«

Zeitgleich mit den Glutwellen des Vulkans kommt es an der Küste zu einem Seebeben. Es bildet sich ein Tsunami, eine riesige Flutwelle, die mit den Lavaströmen zusammentrifft und alles verwüstet, was am Wasser liegt. Die Form des Vesuvs hat sich inzwischen grundlegend geändert: Er hat keinen Gipfel mehr, sondern stattdessen einen Krater. Als Herculaneum bereits vom Erdboden verschwunden ist, versucht die Bevölkerung von Pompeji in panischer Angst aus der Stadt zu fliehen. Dabei ist die Stadt zum Zeitpunkt der Katastrophe noch im Wiederaufbau begriffen: Erst 17 Jahre zuvor, im Winter 62 n. Chr., hat ein Erdbeben den Ort verwüstet. Der Philosoph Seneca spricht von einem Beben, »das Campanien mit großer Wucht verheerte, eine Landschaft, die nie sicher vor einem Unglück war, aber trotzdem immer heil davonkam und so auch ihre Furcht davor verloren hatte«.

Erst als am 25. August etwa gegen 6.30 Uhr ein breiter Lavastrom die nördlichen Stadtmauern Pompejis erreicht, begreifen die Bewohner die tödliche Gefahr. Nun ist es aber für viele schon zu spät. Wer im Haus schnell noch seine Schätze zusammenraffen will, wird von den einstürzenden Mauern erschlagen. Ebenso ergeht es denen, die nicht in der Lage sind, zu fliehen: kleine Kinder in ihren Betten, angekettete Sklaven, in Zellen eingesperrte Gladiatoren oder festgebundene Tiere. Wer dagegen ins Freie läuft, wird von dem tödlichen Regen aus Asche und Bimsstein erfasst oder erstickt an den giftigen Gasen. Die vierte Welle bringt gegen 7.30 Uhr den noch in der Stadt Weilenden endgültig den Tod. 2000 Menschen sterben, etwa 15 Prozent der Bevölkerung. Kurz darauf existiert das blühende Pompeji, die Oase der Mächtigen und Schönen, nicht mehr.

Ganze 1630 Jahre blieb die Stadt verschwunden. Erst im Jahre 1709 begann man mit den Ausgrabungen Pompejis und Herculaneums und legte zahlreiche Szenen aus dem römischen Alltagsleben frei. Die Mischung aus Bimsstein und Asche, die die Stadt wie ein dicker Mantel einhüllte, hatte die Leichen über Jahrhunderte hinweg nahezu unversehrt konserviert. Die Körper selbst waren zwar längst zerfallen. Aber sie hinterließen im Innern der Ascheschicht Abdrücke und Höhlungen, die der italienische Archäologe Giuseppe Fiorelli in der zweiten Hälfte des 19. Jahrhunderts mit flüssigem Gips auffüllte. Auf diese Weise konnten die schreckverzerrten Gesichter

47

und die Haltung der Opfer im Augenblick ihres Todes für die Nachwelt sichtbar gemacht werden. Man findet Männer, die noch zusammengeraffte Münzen oder den Haustürschlüssel in der Hand halten; Frauen wie die Herrin in der »Casa del Fauno«, die mit ihrem ganzen Schmuck von einem herabstürzenden Balken erschlagen wurde, oder die Mutter, die über dem Körper ihres Kindes erstickt zusammengebrochen ist. Im ausgegrabenen Isistempel stößt man auf den Leichnam eines Mannes, der stehend mit einem Schwert in der Hand und umgeben von fünf von ihm getöteten Plünderern einen Haufen Gold und Silber verteidigt hat. Im großen Amphitheater, das 16 000 Besuchern Platz bot, werden die Gestalten einiger Gladiatoren ausgegraben, die gerade ihre Kämpfe absolvierten, als die ersten Gesteinshagel vom Himmel fielen. Und in einem freigelegten Backofen entdeckt man 1800 Jahre alte Brotlaibe. Die großen Badeanlagen der Stadt werden ebenso ausgegraben wie die Theater und Bordelle. In Pompeji paarten sich Genussfreudigkeit und raffinierter Lebensstil mit grandiosen Leistungen in Kunst und Architektur. Es gab 118 Bars und Tavernen, in denen Händlern und Geschäftsleuten aus allen Ecken des Reiches nicht nur Essen und Trinken, sondern auch andere Zerstreuungen geboten wurden. Auf einer der Häuserwände sind noch heute die anpreisenden Worte zu lesen: »Lucilla verkauft ihren Körper.«

Goethe schreibt während seiner Italienreise am 11. März 1787, nachdem er das Wenige besichtigt hat, das damals bereits freigelegt ist: »Pompeji setzt jedermann wegen seiner Enge und Kleinheit in Verwunderung. Schmale Straßen, obgleich gerade und an der Seite mit Schrittplatten versehen, kleine Häuser ohne Fenster, aus den Höfen und offenen Galerien die Zimmer nur durch Türen erleuchtet. Selbst öffentliche Werke, die Bank am Tor, der Tempel, so dann auch eine Villa in der Nähe, mehr Modell und Puppenschrank als Gebäude. Diese Zimmer, Gänge und Galerien aber aufs Heiterste gemalt.« Und am 13. März schreibt er: »Es ist viel Unheil in der Welt geschehen, aber wenig, das den Nachkommen so viel Freude gemacht hätte. Ich weiß nicht leicht etwas Interessanteres. Die Häuser sind klein und eng, aber alle inwendig aufs zierlichste gemalt. Das Stadttor merkwürdig, mit den Gräbern gleich daran. Das Grab einer Priesterin als Bank im Halbzirkel, mit steinerner Lehne, daran die Inschrift mit großen Buchstaben eingegraben. Über die Lehne hinaus sieht man das Meer und die untergehende Sonne. Ein herrlicher Platz, des schönen Gedankens wert.«

In Herculaneum gräbt man schon 1738 die an einem Hang gelegene »Villa Calpurnia« aus, in der eine der größten Bibliotheken des Altertums untergebracht war. Die Villa hat eine Länge von 250 Metern. Im Obergeschoss findet man 1800 verkohlte Papyrus-Buchrollen, die inzwischen dank des MSI-Verfahrens (Multi-Spectral Imaging) lesbar gemacht und digitalisiert wurden – der erforderliche Speicherplatz dafür entspricht etwa 30 000 CD-ROMs. Unter den Dokumenten befindet sich die Hälfte der seit 2300 Jahren verschollenen Werke des griechischen Philosophen Epikur. In den drei noch nicht freigelegten Untergeschossen der Villa vermutet man weitere Schätze, vielleicht auch bisher unbekannte Werke von Sophokles, Euripides und Aischylos. Wissenschaftler der Universität Oxford haben 2005 mit dem Projekt »Villa Papyri« begonnen, der gänzlichen Freilegung und Erschließung der Bibliothek. Da deren größter Teil unter der heutigen Stadt Ercolano liegt, ist ein Untertunneln erforderlich. Es ist Eile geboten. Denn noch immer ist der Vesuv nicht zur Ruhe gekommen.

Im Innern des Berges gibt es jedes Jahr etwa 100 kleinere Eruptionen. Ein großer Ausbruch im Jahre 472 verteilt Ascheregen über weite Teile Europas bis nach Konstantinopel. Beim Ausbruch des Jahres 1036 treten zum ersten Mal seit der antiken Katastrophe Lavaströme aus dem Berg aus. Die letzte große Eruption ereignet sich am 16. Dezember 1631 – sie tötet über 4000 Menschen, einige Quellen sprechen sogar von 18 000 Toten: Eine gigantische rosafarbene Wolke steht über dem Berg, aus dem ein tödlicher Asche- und Gesteinsregen auf die umliegenden Dörfer niedergeht. Auf Neapel fallen am Abend Schlammregen, Vulkangestein und zwei Meter Asche. Anders als beim Ausbruch im Jahre 79 n. Chr. tritt am Morgen des 17. Dezember 1631 zusätzlich noch aus zwei Spalten an der Südwestseite des Vulkankegels heiße Lava aus und bahnt sich in sieben Strömen ihren Weg bis zum Meer, aus dem dichte Dampfwolken in den Himmel steigen. Die Dörfer Portici, Pugliana und La Scala werden zerstört.

Im Mai und Juni 1779 bricht der Vesuv erneut aus und vernichtet in einer 3000 Meter hohen flammenden, wellenförmigen Feuersäule die völlig überraschten Einwohner des Dorfes Ottaviano. Zwischen 1793 und 1794 walzen mehrere bis zu 450 Meter breite Lavaströme die Orte Resina und Torre del Greco nieder, wodurch 1000 Einwohner sterben. Am 4. April 1906 öffnet sich an der Südwestseite des Hauptkraters eine Spalte und stößt tonnenschwere Blöcke alter Lava aus. In der Dorfkirche von San Giuseppe werden 105 Einwohner, die dort Zuflucht gesucht haben, von den »Lavabomben« erschlagen. Und auch zwischen dem 12. und 21. März 1944 spuckt der Berg Feuer und Asche und richtet großen Schaden an. Die Zahl der Todesopfer ist jedoch gering.

Seit einigen Jahren wird der berühmteste Vulkan der Welt an mehr als 20 verschiedenen Stellen ununterbrochen mit den modernsten Geräten beobachtet. Nach Aussagen namhafter Vulkanologen ist ein erneuter Ausbruch des Vesuvs bereits überfällig. Es gilt als ziemlich sicher, dass es bald ein größeres Beben geben wird. Wann genau, weiß man nicht. Aber man weiß: Wenn es geschieht, werden bis zu einer Million Menschen betroffen sein.

Mega-Katastrophe im östlichen Mittelmeer

Alexandria (21. Juli 365 n. Chr.)

Knapp 600 Jahre nach dem schweren Erdbeben vom Juni 217 v. Chr. kommt es auf der nordafrikanischen Spannungslinie, auf der sich zwei kontinentale Erdplatten berühren, erneut zu einem katastrophalen Erdbeben mit einem nachfolgenden Riesen-Tsunami, dessen Auswirkungen von der Ostküste des Mittelmeeres bis nach Sizilien reichen und die nach den Äußerungen zeitgenössischer Geschichtsschreiber die ganze damals bekannte bewohnte Welt erfassen. Wir kennen sogar den genauen Tag der Katastrophe: Sie beginnt am frühen Morgen des 21. Juli 365 n. Chr. mit äußerst heftigen Erdstößen. Der römische Historiker Ammianus Marcellinus, zu diesem Zeitpunkt etwa 35 Jahre alt, hat das schreckliche Geschehen in seinen in lateinischer Sprache geschriebenen »Res gestae« – dem bedeutendsten Geschichtswerk der Spätantike – genau geschildert. Von den 31 Büchern dieses Werkes sind nur die Bücher 14 bis 31 erhalten geblieben. Da sie den Zeitraum von 353 bis 378 abdecken, wissen wir, was Marcellinus im 26. Buch über das Ereignis, insbesondere über den riesigen Tsunami, berichtet hat.

Er schreibt (10, 15–19): »Der Schlund der Tiefe öffnete sich. Die vielgestaltigen Arten der Meerestiere wurden, im Schlamm zappelnd, sichtbar, und die weiten Täler und Höhen, die die Natur bei ihrer Entstehung unter unermesslichen Fluten verborgen hat, wurden damals, wie man glauben darf, den Sonnenstrahlen zugänglich. Viele Schiffe waren so wie auf trockenem Boden gestrandet, und eine Menge Menschen liefen ohne Furcht zwischen den kleinen zurückgebliebenen Tümpeln umher, um Fische und ähnliche Tiere mit den Händen zu sammeln ... Da erhoben sich die Meereswogen wie im Zorn über den erzwungenen Rückzug in umgekehrter Richtung, brachen durch die brodelnden Untiefen über Inseln und weit ausgedehnte Strecken des Festlands mit Gewalt herein und machten unzählige Gebäude in den Städten und wo sie sonst zu finden waren dem Erdboden gleich … Als niemand mit einem Zurückfluten der Wassermassen rechnete, töteten und verschlangen diese viele tausend Menschen.«

Moderne archäologische und geologische Forschungen haben die Verwüstung des östlichen Mittelmeerraumes durch riesige Tsunamis bestätigt, insbesondere jene der Küstenstadt Alexandria am Westrand des Nildeltas. Zum Zeitpunkt der Katastrophe ist die von Alexander dem Großen 331 v. Chr. gegründete und im Jahr 30 v. Chr. an die Römer gefallene Stadt mit über 500 000 Einwohnern ein bedeutender Hafen und Handelsplatz und ein pulsierendes Zentrum der Mittelmeerwelt. Das Erdbeben vom 21. Juli 365 n. Chr. zerstört die meisten Gebäude Alexandrias, im ummauerten Königsviertel auch viele Grabmäler und Kulturstätten. In der Stadt, dem Nonplusultra antiker Weltkultur mit Bibliotheken, wissenschaftlichen Schulen und einem bunten Völkergemisch, sterben über 50 000 Menschen. Nicht nur deshalb berührt uns diese Katastrophe noch heute, sondern auch, weil sie vor einem zu den sieben antiken Weltwundern zählenden monumentalen Bauwerk nicht haltgemacht hat: dem Leuchtturm von Pharos. Dieser wurde auf Befehl Alexanders im Jahr 279 v. Chr. durch den griechischen Baumeister Sostratos auf der der Nilmündung vorgelagerten und durch einen technisch bedeutsamen Dammbau mit dem Festland verbundenen Felseninsel Pharos errichtet.

Auf einem steinernen Sockel von 30 mal 30 Metern erhebt sich zunächst ein 71 Meter hohes, sich nach oben verjüngendes Rechteck. Auf seiner Plattform steht der zweite Teil des Turms, achteckig und 34 Meter hoch. Darüber erhebt sich ein Rundbau mit einer Leuchtanlage und geschickt angeordneten Prismengläsern. Auf ihrem kegelförmigen Dach steht eine bronzene Zeusstatue. In der Lichtanlage des insgesamt 130 Meter hohen und mit weißen Marmorplatten verkleideten Turms, dem damals höchsten Gebäude der Welt, werden Baumharz und Öl verbrannt. Ein Hohlspiegel bündelt und reflektiert das Licht. Das erste Leuchtfeuer der Schifffahrtsgeschichte hat eine Reichweite von über 50 Kilometern und weist nachts den Schiffen den sicheren Weg in den Hafen. Der Leuchtturm von Alexandria wird als herausragende technische Meisterleistung und als Symbol für die erste echte Weltstadt der Antike zum siebenten Weltwunder. Er ist so massiv gebaut, dass sein Fundament und einige Teile des Turms bei der Katastrophe von 365 n. Chr. erhalten bleiben. Erst ein weiteres schweres Erdbeben im Jahr 796 n. Chr. bringt den Leuchtturm gänzlich zum Einsturz. Alle Versuche, ihn wieder aufzubauen, schlagen fehl. Im Jahr 1375 verschwindet er durch ein erneutes Erdbeben ganz von der Bildfläche. Der Mamelukensultan Qait Bey errichtet um 1480 auf den Fundamenten eine militärische Festung, die seinen Namen trägt und heute noch steht. Ein anderes Weltwunder, die weiter südlich gelegenen Pyramiden mit der Sphinx von Gizeh, wird von dem Beben des Jahres 365 n. Chr. hingegen nicht erreicht. Sie bleiben verschont.

Chronik des Schreckens

Die schweren Erdbeben von Antiochia (115–587 n. Chr.)

Die Region um die berühmte Stadt Antiochia im nördlichen Syrien, die heute Antakya heißt und zur Türkei gehört, war nicht nur in der Antike extrem erdbebengefährdet. Sie ist es auch im 21. Jahrhundert und wird es in Zukunft weiterhin sein. Die bis in vorchristliche Jahrhunderte zurückreichende Chronik des Schreckens an diesem Ort setzt sich im Jahre 115 n. Chr. mit einem Beben fort, dem römische Geschichtsschreiber viel Beachtung geschenkt haben. Denn zu diesem Zeitpunkt hält sich Kaiser Trajan in Syrien auf, das seit 64 v. Chr. eine Provinz des Römischen Reiches ist. Trajan – einer der berühmtesten und bedeutendsten der römischen Kaiser, unter dessen Herrschaft das Römische Reich seine größte Ausdehnung erreichte – weilt zusammen mit seiner Frau Pompeia Plotina in Antiochia, um von hier aus den Feldzug gegen die Parther vorzubereiten. Als am Morgen des 13. Dezember 115 plötzlich die Erde zu zittern und schwanken beginnt und viele Einwohner unter einstürzenden Häusern begraben werden, befindet sich der 61-jährige hochgewachsene, kraftvolle und körperlich fitte Kaiser ebenfalls in einem Gebäude. Geistesgegenwärtig erfasst er die Situation und rettet sich durch einen mutigen Sprung aus dem Fenster. Leicht verletzt erreicht er eine Insel des Flusses Orontes, an dem Antiochia liegt. Auf den weitläufigen Flächen einer hier erbauten Pferderennbahn wartet Trajan zusammen mit einigen anderen dorthin geflüchteten Menschen mehrere Tage ab, bis die Nachbeben vorüber sind. Auch seine Ehefrau überlebt, sie stirbt erst acht Jahre später.

Eine der detailliertesten und beeindruckendsten Beschreibungen über Naturkatastrophen der Antike finden wir in der »Römischen Geschichte« des Schriftstellers Cassius Dio, die dieser Anfang des dritten nachchristlichen Jahrhunderts in 25-jähriger Arbeit verfasst hat. Leider sind von den meisten der 80 Bücher nur noch Fragmente erhalten. Dazu gehören im 68. Buch auch die Passagen über das Erdbeben vom 13. Dezember 115 in Antiochia. Cassius Dio beschreibt es so anschaulich, als wäre er selbst dabei gewesen: »Zunächst ertönte ganz überraschend ein furchtbares Brüllen, dem ein entsetzliches Beben folgte. Die ganze Erde wurde in die Höhe gehoben, auch die Gebäude sprangen empor. Einige von ihnen wurden nur nach oben gerissen, um dann zusammenzustürzen und in Trümmer zu fallen, während andere, wie in einem Wellengang hin und her geschüttelt, umstürzten und mit ihrem Schutt weithin auch unbebaute Flächen bedeckten. Das Krachen der splitternden und brechenden Holzbalken zusammen mit Ziegeln und Steinen war zutiefst schreckenerregend. Auch Staub wirbelte in riesigen Wolken auf, sodass niemand mehr etwas sehen oder sagen oder verstehen konnte.« Wie viele Menschen bei der Katastrophe ums Leben kamen, sagt Cassius Dio nicht. Er schreibt: »Von den Leuten aber, die in ihren Häusern geblieben waren, starben so viele, dass man ihre Zahl nicht feststellen kann. Denn sehr viele tötete an sich schon die Wucht der zusammenstürzenden Trümmer, und eine große Menge erstickte im Schutt … Und da der Himmel viele Tage und Nächte hindurch die Erde erbeben ließ, befanden sich die Leute in schlimmer, hoffnungsloser Lage.«

Auch das heftige Beben, das Antiochia im Jahr 341 – kurz nach dem Tode Konstantins des Großen – heimsucht, dauert mehrere Tage und fordert zahlreiche Opfer. Inzwischen zählt die »Krone des Ostens« zu den wichtigsten Städten des Christentums und besitzt sogar eine luxuriöse Straßenbeleuchtung. Doch das wahrscheinlich schwerste Erdbeben der gesamten Antike steht den Bewohnern Antiochias noch bevor. Es bricht Ende Mai 526 zur Mittagszeit über die Menschen herein – zu einem Zeitpunkt, da die Stadt mit Besuchern überfüllt ist, die hier das Himmelfahrtsfest feiern wollen. Der syrische, in Antiochia geborene Historiker Johannes Malalas hat als Augenzeuge darüber in seiner »Weltchronik« berichtet. Er spricht von der für die damalige Zeit ungeheuren Zahl von 250 000 Toten, andere Geschichtsschreiber geben sogar 300 000 an. Auch der Bischof von Antiochia ist unter ihnen. Ihm wird durch einen herabstürzenden Balken der Kopf abgetrennt. Mitverantwortlich für die fast vollständige Zerstörung Antiochias ist ein enormer Feuersturm.

Dieser entsteht dadurch, dass der Wind die offenen Flammen von den Feuerstellen der Küchen, die zur Mittagszeit gerade besonders aktiv sind, in die anderen Räume der einstürzenden Wohnhäuser trägt. Auch die heiligen Stätten der Christenheit, Klöster und Kirchen und auch das Wahrzeichen der Stadt, die von Konstantin gestiftete »Große Kirche« mit ihrer prunkvollen goldenen Kuppel, werden ein Raub der Flammen.

Als die Kunde von der schlimmen Katastrophe die Hauptstadt Konstantinopel erreicht, legt dort nach der Schilderung zeitgenössischer Chronisten Kaiser Iustin seine Krone und seine Kleider ab, hüllt sich mehrere Tage lang in schmutzige Lumpen und bricht in Tränen aus. Viele Bewohner der Stadt und auch viele der Überlebenden Antiochias folgen seinem Beispiel, legen ebenfalls Bettlerkleidung an und beten und fasten sieben Tage lang. Die meisten Christen glauben, dieses Unglück habe Gott gesandt. Und nun beten sie umso intensiver zu ihm. Konstantinopel leistet auch materielle Hilfe. Kronprinz Justinian, der spätere Kaiser, und seine Gattin Theodora schicken erhebliche Gelder nach Antiochia, damit die Kirchen, Krankenhäuser und Bäder wieder aufgebaut werden können.

Kaum ist dieser Wiederaufbau zu einem großen Teil vollzogen, ereignet sich in der Stadt trotz aller flehentlichen Gebete am 29. November 528 ein weiteres schweres Beben. Es dauert zwar nur eine Stunde an, aber alles, was in den letzten beiden Jahren wieder aufgebaut worden ist, wird erneut zerstört. Die Zahl der Toten wird mit exakt 4870 angegeben. Aus Angst vor Nachbeben fliehen die Menschen in Scharen in die nahe gelegenen Höhlen der Berge oder in andere Städte. Den meisten scheint es, als liege ein Fluch auf Antiochia. Man gibt der Stadt einen anderen Namen, nennt sie – in der Hoffnung, dass sie nun vor Erdbeben sicher sei – Theopolis (»Gottesstadt«). Doch 532 und 580 bebt die Erde erneut und zerstört einige Stadtteile völlig. Und dann folgt 587 ein weiteres Mega-Beben, das nach den Schätzungen der Behörden sogar 60000 Todesopfer fordert. Für diese Ereignisse stehen uns jedoch leider keine Augenzeugenberichte zur Verfügung.

Geheimnisvolles versunkenes Vineta

Die Allerheiligenflut vom November 1304

Zu allen Zeiten zeigte sich der Mensch gegen wild gewordenes Wasser hilflos. Welche zerstörende Kraft es entwickeln kann, wird deutlich, wenn wir uns klarmachen, dass ein Kubikmeter Wasser – etwa der Inhalt einer Badewanne – ein Gewicht von einer Tonne besitzt. Überschwemmungen und Sturmfluten haben in der Menschheitsgeschichte schon immer besonders viele Opfer gefordert. In Mittel- und Nordeuropa war zumeist die Nordseeküste betroffen. Aber auch an der Ostsee hat es Flutkatastrophen gegeben. Die größte ist die Sturmflut vom November 1304. Sie ist als Allerheiligenflut in die Geschichte eingegangen. Am Allerheiligenfeiertag dieses Jahres bricht nach tagelangen starken Westwinden das in der Ostsee angestaute Wasser aufgrund eines plötzlichen Sturmumschwungs auf Nordost schlagartig über die Küste zwischen den Inseln Rügen und Usedom herein.

Die Sturmflut, über die es keine zeitgenössischen Aufzeichnungen gibt, zerstört die Insel Altruden. Diese stellte bis dahin eine Verbindung zwischen Rügen und Usedom dar. Die Zahl der Gesamtopfer der Katastrophe ist nicht bekannt. Sie muss aber hoch gewesen sein, da es zu dieser Zeit bereits einige wohlhabende Siedlungen an der Küste, vor allem an den Flussmündungen, gab. Eine davon war sogar eine blühende Handelsmetropole. Sie hieß Jumne oder Jumneta und war um 980 n. Chr. aus einer wendischen Siedlung entstanden. Bekannt geworden ist sie unter dem (auf der ersten Silbe zu betonenden) Namen Vineta.

Als der jüdisch-maurische Kaufmann Ibrahim Ibn Jakub al Isreli im Jahr 965 die westslawischen Länder bereist, notiert er: »Sie haben eine große Stadt am Weltmeer, die zwölf Tore und einen Hafen hat.«

57

Der erste große deutsche Geograf, Adam von Bremen, schreibt 1075 in seiner »Hamburger Kirchengeschichte« über die Stadt: »Hinter den Liutizen, die auch Wilzen heißen, trifft man auf die Oder, den reichsten Strom des Slawenlandes. Wo sie an ihrer Mündung ins Skythenmeer fließt, bietet die sehr berühmte Stadt Jumne für Barbaren und Griechen in weitem Umkreis einen vielbesuchten Treffpunkt … Es ist wirklich die größte von allen Städten, die Europa birgt … Die Stadt ist angefüllt mit Waren aller Völker des Nordens, nichts Begehrenswertes oder Seltenes fehlt … Hier zeigt sich Neptun in dreifacher Gestalt, denn die Insel wird von drei Meeren bespült. Eins davon soll von tiefgrünem Aussehen sein, das zweite weißlich, das dritte wogt ununterbrochen wildbewegt von Stürmen. Von dieser Stadt aus setzt man in kurzer Ruderfahrt nach der Stadt Demmin in der Peenemündung über, wo die Ranen wohnen.«

Dieser durchaus seriöse zeitgenössische Bericht spricht dafür, dass es das sagenumwobene Vineta tatsächlich gab. Er gibt auch gute Hinweise darauf, wo es lag: Der Chronist erwähnt, dass die Insel Rügen »der Stadt Jumne benachbart« gewesen sei. Doch ziemlich sicher ist auch, dass die Stadt bereits weitgehend zerstört war, als im Jahr 1304 die große Flut kommt und die Ruinen unter sich begräbt. Schon um 1098 haben die Wikinger die Stadt mehrfach heimgesucht. Später zerstören sie die Dänen endgültig. In der 1165 verfassten slawischen Chronik schreibt der Landpfarrer Heimbold von Bosau: »Ein König der Dänen soll diesen höchst wohlhabenden Platz mit einer großen Flotte angegriffen und völlig zerstört haben. Die Überreste sind noch jetzt vorhanden.« Mit der Allerheiligenflut versinken sie für immer im Meer. Und seitdem ranken sich viele Sagen und Legenden um das einst unermesslich reiche »Venedig der Ostsee«, in dem alten Quellen zufolge »Barbaren, Griechen, Slawen und Sachsen« zusammengewohnt haben sollen. Die Glocken Vinetas sollen aus reinem Silber gewesen sein, und das Garn wurde angeblich auf goldenen Spindeln gesponnen. Noch heute heißt es, man könne abends bei Windstille das silberhelle Läuten der Glocken hören und tief unten im Wasser sogar die Gassen und Giebel Vinetas sehen.

Gefunden hat man die Stadt im Meer allerdings bis heute nicht. Und man streitet sich noch immer, ob es sie überhaupt gegeben hat. Über ihre wahrscheinliche Lage gibt es mehrere Theorien. Die einen behaupten, Vineta habe auf Usedom am linken der drei Oderarme gelegen, an der Mündung des Peenestroms. Die anderen meinen, die Stadt sei bei Rügen im Schlamm des Barther Boddens begraben. Doch am wahrscheinlichsten ist, dass Vineta auf der heute polnischen Insel Wollin gelegen hat. Dem Berliner Arzt und Archäologen Rudolf Virchow fallen schon 1871 bei seinen Studien am rechten Mündungsarm der Oder bei Wollin Erdhügel auf. Ausgrabungen fördern wendisch-slawische Grabbeigaben zutage. Virchow ist überzeugt:»Vineta ist Wollin!« Nach seiner Ansicht haben dort einst bis zu 10 000 Einwohner gelebt – eine These, die 1953 von dem polnischen Archäologen Władysław Filipowiak, dem damaligen Direktor des Stettiner Nationalmuseums, bestätigt wird. Er findet auf der Sandbank der Dievenow (Dziwna) Überreste einer slawischen Siedlung mit vier Häfen, mehreren Handwerkervierteln und Friedhöfen. Einige der Hafenbauten stammen tatsächlich aus dem 8. Jahrhundert. Bis heute wurden etwa 50 000 Fundstücke geborgen.

Das geheimnisvolle Vineta ist also nicht im Meer versunken, wie die Legende wissen will. Vieles spricht dafür, dass es an einer Flussmündung lag. Denn schon immer haben die Menschen ihre Städte mit Vorliebe an solchen Stellen gebaut, des Handels und der Nahrung wegen. Das Land, das von Flüssen angeschwemmt wird (Alluvialboden), ist besonders fruchtbar. Auch für Vineta traf das zu. Die Reste der Stadt wurden von der schweren Sturmflut des Jahres 1304 überspült und verschwanden damit endgültig vom Erdboden. Insofern ist der Name Vineta für immer mit der Katastrophe der Allerheiligenflut verbunden.

Der Schwarze Tod

Die Pest in Europa (1347–1352)

Während Naturkatastrophen wie Erdbeben, Vulkanausbrüche, Wirbelstürme oder Tsunamis auch Gebäude und die Landschaft beschädigen, vernichten Seuchen und Epidemien ausschließlich Menschen und andere Lebewesen. Außerdem sind sie von längerer Dauer und haben insgesamt zweifellos die verheerendsten Auswirkungen auf die Menschheit. Als tödlichste aller solcher bisherigen Katastrophen gilt die Pest. Sie ist bereits in der Antike bekannt; schon die Babylonier erwähnen sie in ihren Keilschriften. Auch in der Bibel wird im Buch Samuel (Kapitel 5–6) eine pestähnliche Seuche im Jahr 1200 v. Chr. beschrieben, die sogenannte »Pest der Philister«. Die Seuche, die 431–427 v. Chr. Athen heimsucht und ein Fünftel aller Bewohner der Stadt tötet – darunter auch Perikles, den Führer der Athener –, wird die »Pest von Athen« genannt. Thukydides schildert in seinem Werk über die Geschichte des Peloponnesischen Krieges eindringlich Herkunft, Ausbruch und Verlauf der Krankheit. Heute wissen wir jedoch, dass es wahrscheinlich nicht die Pest war, die in Athen wütete, sondern eine Kombination von Typhus und Masern.

Auch die Epidemie, die 166 n. Chr. zur Zeit des Kaisers Marc Aurel im Römischen Reich ausbricht und auf ihrem Höhepunkt in Rom täglich 2000 Menschen tötet, ist vermutlich nicht die Pest. Nach heutigen Erkenntnissen waren es die Pocken, die durch die Soldaten in alle Provinzen getragen wurden und dafür sorgten, dass die Einwohnerzahl drastisch zurückging und erst im 20. Jahrhundert wieder den Wert vor der Epidemie erreichte. Die vernichtende Wirkung der Seuche hat – neben einigen anderen Faktoren – eine wesentliche Rolle für den Untergang des Römischen Reiches gespielt. Sicher ist dagegen, dass es sich bei jener Infektionskrankheit, die unter der Regierung von Justinian 541 in Konstantinopel ausbrach, um die Beulenpest handelte: Der Geschichtsschreiber Prokopius von Caesarea hat die Symptome so genau beschrieben, dass kein Zweifel daran besteht, dass es die Pest war, die bis 590 wütete und Millionen von Menschen tötete.

Die schlimmste Epidemie in der Geschichte der Menschheit überfällt Europa mit Beginn des Jahres 1348. Sie verursacht binnen weniger Monate ein Massensterben unvorstellbaren Ausmaßes. Der italienische Jurist Gabriele de Mussis aus Piacenza berichtet über die zuerst in Italien auftretende Seuche, dass schon 1346 »in den Gebieten des Ostens unendlich viele Stämme der Tartaren und Sarazenen sehr rasch an einer unerklärlichen Krankheit« gestorben seien. Die Pest hat ihren Ursprung in Zentralasien und nimmt hier schnell epidemische Ausmaße an. Sie breitet sich Richtung Osten und Süden in China und Indien aus und erreicht über die Seidenstraße und den regen Handel Richtung Westen auch die Halbinsel Krim. Hier belagern die Tartaren seit 1346 die genuesische Handelsniederlassung Kaffa am Schwarzen Meer, das heutige Feodosia. Die Truppen des Dschanibek Khan werden ganz plötzlich durch die Beulenpest dezimiert. Doch der Khan hat eine brillante, wenngleich perfide Idee: Er lässt, wie Gabriele de Mussis als mutmaßlicher Augenzeuge des Geschehens berichtet, »Pestleichen mit den Katapulten über die Stadtmauern Kaffas schleudern, sodass ein Großteil der Stadtbevölkerung starb ... Und schon bald war die Luft verpestet, das Wasser verseucht, und ein fürchterlicher Gestank breitete sich aus.« Die infizierten genuesischen Seeleute flüchten auf ihre vier Handelsschiffe und segeln zurück nach Italien. Mit ihnen erreicht die Pest das Mittelmeer, die Adria und im Oktober 1347 den Hafen von Messina in Sizilien.

Heute wissen wir, dass die Pest durch infizierte Ratten auf die Schiffe gebracht wurde. Die Nagetiere hatten Tausende Flöhe im Pelz, die den Pesterreger übertrugen. Sobald die Ratten starben, suchten die Flöhe Ersatzwirte und befielen die Menschen. Nach jedem Flohbiss kam es zu einer Infektion, bei der die Lymphknoten anschwollen und sich große Beulen bildeten.

Zunächst stecken sich die Seeleute an, dann die Menschen in der Stadt. Der Augenzeuge Gabriele de Mussis schreibt: »Kaum gingen die Matrosen irgendwo an Land ... und kamen dort mit Menschen in Berührung, starben diese ... Wenn jemand erkrankte, brach er bald darauf zusammen und starb. Dabei steckte er seine ganze Familie an. Entsprechend kamen auch die Totengräber um, welche die Leichen bestatten sollten. Und der Tod kam auf diese Weise sogar durch die Fenster. Städte und Burgen wurden entvölkert, und man weinte um ganze Ortschaften wie um seine Verwandten.« Die Menschen sterben tatsächlich wie die Fliegen. Die »Pestilenz« rafft sie innerhalb weniger Tage hinweg, manchmal sogar innerhalb weniger Stunden. Treten die Erreger der Beulenpest in die Blutbahn über, entwickelt sich die Krankheit zur Lungenpest. Hohes Fieber, Benommenheit, Atemnot, Erbrechen, blutiger Auswurf und Kreislaufversagen führen zu einem schnellen Tod. Bei der Lungenpest, die auch durch Tröpfcheninfektion von Mensch zu Mensch übertragen werden kann, beträgt die Inkubationszeit nur ein bis zwei Tage. Giovanni Boccaccio, der in seinem Buch »Das Dekameron« das Wüten der Pest in Florenz schildert, erzählt von jungen Menschen, die sich am Morgen noch bester Gesundheit erfreuen, »um am Abend darauf in einer anderen Welt mit ihren Vorfahren zu tafeln«.

Man steht der furchtbaren Krankheit völlig hilflos gegenüber und sucht verzweifelt nach Erklärungen. Sie scheint keinen Unterschied zu machen zwischen Arm und Reich, zwischen Alt und Jung, und auch fromme Mönche und Priester erliegen ihr. Bei den Kranken treten rätselhafte dunkelbraune bis schwarze Flecken auf, weshalb man die Krankheit bald auch den »Schwarzen Tod« nennt. Ein zeitgenössischer Chronist berichtet, Drüsenschwellungen im Leistenbereich und unter den Achseln seien »mit unerträglicher Fieberhitze, unlöschbarem Durst und extremer Müdigkeit verbunden«. Der Pesttod ist ein besonders qualvoller Tod. Das Bild vom Sensenmann taucht auf: Der Schwarze Tod, dargestellt als Skelett mit der Sense in der Hand, mäht die Menschen nieder.

Von Messina aus segeln die genuesischen Galeeren weiter nach Genua, wo sich die Kunde von der Pest schon verbreitet hat. Deshalb erlaubt man den Schiffen nicht, dort vor Anker zu gehen. Trotzdem wird im Dezember 1347 auch Genua von der Pest befallen, ebenso wie Sardinien und Korsika. Und im Januar 1348 beginnt auch in Pisa und Venedig das große Sterben. Im Februar erreicht die Pest Bologna und Modena, im März Perugia und Padua, im August Rom. In Florenz fordert die Seuche besonders viele Opfer. Von Italien aus, das durch die Pest die Hälfte seiner Einwohner verliert, verbreitet sich die Seuche in ganz Europa, und zwar, wie errechnet worden ist, mit einer durchschnittlichen Geschwindigkeit von bis zu acht Kilometern am Tag. Noch 1348 wird Frankreich erfasst. Avignon, der Sitz des Papstes Clemens VI., verliert nahezu alle Einwohner. Der Papst versucht, sich durch zwei riesige Feuer zu schützen, die Tag und Nacht brennen. Er überlebt tatsächlich. Sein Leibarzt Guy de Chauliac will die Pest dadurch stoppen, dass er die Beulen aufschneidet und glühende Schürhaken auf die offenen Wunden drückt. Diese primitive Desinfektionsmethode hat zum Teil sogar Erfolg, wenngleich einige Menschen infolge der wahnsinnigen Schmerzen einen Herzstillstand oder einen bleibenden, zu geistiger Umnachtung führenden Schock erleiden. Auf Anordnung König Philipps VI. von Frankreich erstellen Mediziner der Universität von Paris ein Gutachten über die Ursachen der Pestepidemie – sie führen sie auf die Konstellation der Planeten Mars, Jupiter und Saturn zurück, die am 20. März 1345 eingetreten war.

Über den Seeweg befällt die Pest auch England. In London sterben neun von zehn Bürgern. William Dene, ein Mönch aus Rochester, schreibt:»Zu unserem großen Leid raffte die Pest eine derart hohe Zahl von Menschen beiderlei Geschlechts dahin, dass niemand mehr da war, um die Toten zu Grabe zu tragen.«1349 kommt die Pest nach Schottland und Irland. Von hier aus dringt sie bis nach Skandinavien vor, später über norwegische Schiffe bis nach Polen, Russland und Island, wo zwei Drittel der Bevölkerung an der Krankheit sterben. Die Alpenkette bremst das Vordringen der Seuche nach Deutschland etwas ab. Doch die Flöhe im Fell der Packesel und Pferde sowie in der Kleidung der Menschen bringen die Pest auch über die Berge. Im Frühsommer 1349 erreicht sie Basel und Wien, kurz darauf den Südwesten Deutschlands und die Städte am Rhein. Frankfurt am Main beklagt innerhalb einer Woche 2000 Opfer. In Erfurt sterben mehr als 50 Prozent der Einwohner. Innerhalb eines Jahres werden allein im Gebiet des heutigen Deutschland 1,2 Millionen Menschen durch den Schwarzen Tod dahingerafft. Als er Ende 1349 auch in Norddeutschland Einzug hält, bleiben von den Einwohnern Lübecks nur noch zehn Prozent am Leben.

Innerhalb von fünf Jahren sterben in Europa nach vorsichtigen Schätzungen rund 25 Millionen Menschen – fast die Hälfte der europäischen Bevölkerung und rund ein Drittel der damaligen

Erdbevölkerung. Einige Quellen sprechen sogar von 60 Millionen Pesttoten. Weder vorher noch nachher ist jemals ein so hoher Prozentsatz der Weltbevölkerung vernichtet worden wie durch den Schwarzen Tod im Mittelalter. Ganze Völker, wie zum Beispiel Aragon im Nordosten Spaniens, werden so vernichtend getroffen, dass sie sich nicht wieder erholen. Die Menschen geraten in Panik. Jeder lebt in ständiger Angst, die jede Vernunft erstickt. Wenn die ersten Krankheitsfälle auftauchen, werden ganze Ortschaften verlassen. Verwandte verstoßen ihre kranken Angehörigen, die in Stuben eingesperrt werden. Mit langen Stangen reicht man ihnen Essen und Arzneien hinein. Wenn Händler, Bäcker und Müller der Seuche erliegen, bricht die Lebensmittelversorgung schnell zusammen.

Man vermutet, die Ursache der Krankheit liege in einer todbringenden Fäulnis des Wassers und vor allem der Luft. Die Pest kommt nach der Vorstellung der Menschen auch durch Türen und Fenster und kann sogar durch den Blick übertragen werden. Um die Luft zu reinigen, zündet man überall im Freien Feuer an und verteilt stark duftende Substanzen. Große Hoffnung wird in das schon seit der Antike bekannte Wunderheilmittel Theriak gesetzt, ein Gemisch aus pflanzlichen Drogen und Vipernfleisch. Es ist die Zeit der Kurpfuscher und Quacksalber. Einige Ärzte empfehlen, als Schutz kleine, mit menschlichem Kot gefüllte Säckchen um den Hals zu tragen. Andere verordnen Urinbäder und das Trinken menschlichen Harns. Eine weitere Behandlungsmethode für Männer ist das äußerst schmerzhafte Durchbohren der Hoden mit vielen Nadeln. Die Ärzte raten auch, bestimmte Speisen zu meiden. Sie entwickeln unzählige wirkungslose Arzneien und lassen die Kranken zur Ader. Außerdem öffnen sie die nicht selten taubeneigroßen Pestbeulen, die sogenannten Bubonen, in der Hoffnung, mit dem Eiter und dem Blut werde auch die Krankheit den Körper verlassen.

Um sich selbst zu schützen, legen die Ärzte eine besondere, den ganzen Körper einhüllende Pestkleidung an, ein schweres Gewand aus Stoff oder Leder. Sie setzen Brillen auf und Masken mit einer großen Nase, in denen Duftstoffe untergebracht werden. Die venezianischen Karnevalsmasken haben hier ihren Ursprung. Doch gerade diese panzerartige Schutzkleidung bietet den Flöhen ein ideales Quartier, sodass der Prozentsatz der Pestopfer gerade unter den Ärzten und Priestern deutlich höher ist als unter anderen Berufsgruppen.

Wenn es dunkel wird, ziehen Pestwagen durch die Stadt und sammeln die auf die Straßen gelegten Toten ein. Diese Totengräber, meist Sträflinge oder arme, mit Geld entlohnte Menschen, tragen Pestglocken an den Händen und Füßen, damit jeder noch Gesunde auf ihr Erscheinen aufmerksam wird und Fenster und Türen verschließen kann. Als auch die Totengräber an der Pest sterben, werden die Leichname nicht mehr bestattet, sondern einfach in Massengräber geworfen.

Niemand kann dem Massensterben Einhalt gebieten. Die Menschen empfinden die Pest als eine Strafe Gottes für ihre Sünden. Die einen gehen ganz in ihrem Glauben auf, die anderen geben sich ausschweifenden lukullischen und sinnlichen Genüssen hin, weil sie zu der Auffassung gelangt sind, Gott habe sich von ihnen abgewandt. Sie behängen sich mit Amuletten und huldigen dem Teufel. Religiöse Fanatiker schließen sich den »Brüdern des Kreuzes« an. Sie geißeln sich während ihrer Flagellantenzüge durch die Städte, indem sie sich mit Ruten oder Lederriemen, in die Nadeln eingeflochten sind, den Rücken blutig schlagen, um sich auf diese Weise von ihren Sünden reinzuwaschen. Die Geißler rufen zu Umkehr und Buße auf; nur so könne man dem Pesttod entgehen. Die Epidemie sei ein Vorzeichen, das gemäß der biblischen Apokalypse dem Weltende vorausgehe.

Viele beschuldigen die verhassten Juden, die »helleschen lute« (die »höllischen Leute«), für den Schwarzen Tod verantwortlich zu sein. Auf der Suche nach Sündenböcken kommt es überall in Europa zu antijüdischen Ausschreitungen. Im Mai 1348 werden in drei Städten Südfrankreichs alle Juden brutal niedergemetzelt. Im September 1348 gesteht ein jüdischer Arzt aus Chillon unter Folter, gemeinsam mit anderen Juden sämtliche Brunnen der Stadt vergiftet und dadurch die Pest verbreitet zu haben. In Frankfurt am Main werden 1349 durch die Geißler alle Juden, alle angeblichen »Brunnenvergifter«, ausgerottet. In Basel werden Hunderte Juden auf eine Rheininsel verbrannt. In Speyer stopft man sie in Weinfässer und wirft sie in den Rhein. In Greifswald werden sie lebendig begraben. Die Pestepidemie führt zur ersten großen, systematischen Judenverfolgung in Europa.

Auch nach dem Abklingen der großen Pestwelle zwischen 1347 und 1351 kommt es zu Epidemien. Im Jahr 1665/66 grassiert der Schwarze Tod in London, und 1720 hält er in ganz Europa erneut reiche Ernte.

Erst bei der Hongkong-Epidemie des Jahres 1894 kann Alexandre Yersin vom Institut Pasteur in Paris den Erreger im Eiter von Pestbeulen isolieren. Seitdem heißt der Pestbazillus in der Medizin »Yersinia Pestis«. 1897 entwickelt man den ersten wirksamen Impfstoff und weist ein Jahr später die Trägerrolle des Flohs nach. Damit und durch Einführung verbesserter sanitärer Maßnahmen sowie eines internationalen Informationssystems ist die Pest überwunden. Die schwarzen Hausratten sind inzwischen immun, und die Menschen sind auf dem Wege, es auch zu werden. In Europa kommen Pestfälle heute nicht mehr vor. Die letzte Epidemie ereignet sich 1921 in der Mandschurei.

Heute haben wir die Pest weitgehend im Griff; sie ist mit Antibiotika gut behandelbar. Allerdings gibt es den Krankheitserreger des Mittelalters immer noch. Wenngleich meist nur Tiere von ihm betroffen sind, infizieren sich hin und wieder auch Menschen. Die Weltgesundheitsorganisation gibt rund 2000 Pestfälle pro Jahr an, mit einem Schwerpunkt auf Madagaskar. Restlos besiegt ist die Pest also nicht.

Stürme ändern die Geschichte

Edward III., Christoph Kolumbus und Wilhelm von Oranien
(1359–1574)

Schon in der Antike haben manche Naturkatastrophen den Verlauf
der Geschichte mittelbar oder gar unmittelbar beeinflusst und geändert – denken wir nur an vorchristliche Ereignisse wie den Untergang
der minoischen Kultur durch die Thera-Explosion oder das verheerende Erdbeben, das Spartas Existenz bedrohte und zum Ausbruch
des Peloponnesischen Krieges beitrug. Auch aus dem Mittelalter und
der Frühen Neuzeit sind Katastrophen mit ähnlichen Auswirkungen
überliefert.

Im Jahr 1337 beginnt der Hundertjährige Krieg zwischen England
und Frankreich. Der englische König Edward III. setzt mit einem
starken Heer nach Frankreich über, um seine Ansprüche auf den
französischen Thron durchzusetzen. In der Normandie, der Bretagne
und in Aquitanien werden Dörfer und Klöster verwüstet. Die Überlegenheit der englischen Langbogenschützen führt zu einer Reihe von
Siegen, die den Krieg aber noch nicht beenden. Auch die Schlacht
bei Crécy, in der die Franzosen am 26. August 1346 eine katastrophale Niederlage erleiden, tut das nicht. Edward erobert nach langer
Belagerung Calais, geht mit seiner Kavallerie und den Fußsoldaten
weiter auf die Seine vor und marschiert 1359, im 22. Jahr des Krieges,
geradewegs auf das südwestlich von Paris gelegene Chartres zu. Die
hohen Spitzen der schon damals berühmten gotischen Kathedrale
sind bereits in Sicht, da geschieht es: Ein heftiger Gewittersturm, verbunden mit schweren Regengüssen, zwingt die Armee anzuhalten.
Innerhalb weniger Augenblicke verwandeln sich die Regentropfen
in gänseeiergroße Hagelkörner. Sie prasseln wie Geschosse auf die
völlig überraschten Männer und die Pferde nieder und erschlagen
viele von ihnen. König Edward III. selbst übersteht diesen wohl ge-

waltigsten und zerstörerischsten Hagelsturm aller Zeiten zwar unverletzt. Nach den Berichten alter Chroniken verliert er aber 1000 Soldaten und 6000 Pferde. An eine Fortsetzung des Feldzugs ist jedenfalls nicht zu denken. Edward sieht sich gezwungen, Frieden zu schließen. Im Vertrag von Calais wird der Krieg 1360 für neun Jahre unterbrochen, bis er 1369 wieder aufflammt.

Die ersten Berichte, die es über tropische Wirbelstürme gibt, stammen von Christoph Kolumbus. Im September 1492 sieht er während seiner legendären Schifffahrt auf der Suche nach dem westlichen Seeweg nach Indien mitten auf dem Atlantik erstmals einen solchen Sturm, den die eingeborenen Indianer Hurrikan nennen. Zum Glück ist Kolumbus weit genug vom Auge des Hurrikans entfernt. Seine Schiffe überstehen den Sturm heil, sonst hätten sie Hispaniola, das Kolumbus kurz darauf für Spanien entdeckt, wohl nie erreicht. Er bleibt drei Jahre auf dieser zweitgrößten der Westindischen Inseln, die heute politisch aufgeteilt ist in die Dominikanische Republik und die Republik Haiti. Dieses Paradies aus subtropischen Wäldern und Feldern, ideal für den Anbau von Kaffee, Kakao und Zuckerrohr, wird zu einer spanischen Kolonie. Kolumbus hat von der spanischen Krone den Auftrag bekommen, die Eingeborenen auf der Insel zu missionieren und zu versklaven. Doch er soll auch weitere Fahrten unternehmen, um noch mehr Länder zu entdecken und noch mehr Kolonien aufzubauen. Deshalb liegen seine Schiffe zu Beginn des Sommers 1495 auslaufbereit im Hafen. Als die Reise im Juni losgehen soll, bildet sich im Atlantik ein neuer Hurrikan. Er überquert die Kleinen Antillen und trifft mit voller Wucht auf die Küsten Hispaniolas, reißt Bäume aus und drückt die Hütten der Siedler flach, von denen viele in den nachfolgenden Flut- und Schlammwellen umkommen. Genaue Aufzeichnungen über die Zahl der Todesopfer gibt es nicht. Man weiß nur, dass der Hurrikan so stark war, dass er die großen spanischen Karavellen im Hafen losriss und zum Kentern brachte. Das Flaggschiff »Santa Maria« geht ebenso unter wie die »Pinta«, und mit ihnen die Besatzung. Nur die »Nina« kann sich über Wasser halten. Um von der Insel wegzukommen, braucht Kolumbus neue Schiffe. Es dauert zehn Monate, bis er von den Wracks auf dem Meeresgrund genug Material geborgen hat, um ein neues Schiff zu bauen. Er nennt es »Santa Cruz«. Während dieser Zeit errichtet er noch mehr Forts auf der Insel. Er drangsaliert die Eingeborenen auf die schändlichste Weise, erpresst Gold von ihnen und lässt sie mit Hunden jagen und dann töten. Die Opfer dieses Schreckensregiments übertreffen die tödliche Bilanz des Hurrikans bei Weitem. Wäre der Sturm ausgeblieben, wären Tausende von Ureinwohnern am Leben geblieben. So aber folgt eine Katastrophe auf die andere, und die Geschichte ist um ein trauriges Kapitel menschlicher Eroberungssucht und Machtgier reicher.

Der spanische König Philipp II. entschließt sich 1567, die 17 niederländischen Provinzen mit Gewalt in sein Reich einzugliedern. Deshalb schickt er den Herzog von Alba mit einer starken Armee dorthin. Doch die »gottlosen kalvinistischen Holländer« unter der Führung von Wilhelm von Oranien wollen ihre Privilegien behalten und leisten tapferen Widerstand. Im Jahr 1574 belagern die Spanier die am Rhein gelegene, gut geschützte Stadt Leiden. Monatelang ist sie vollständig eingeschlossen – die Spanier versuchen, sie auszuhungern. Der Historiker A. H. Godbey schildert die aussichtslose Situation so: »Die Menschen suchten nach allem, was sie essen konnten, verschlangen nach und nach die Strohdächer, kauten an altem Leder, aßen die Abfälle und alles, was sie länger am Leben erhalten konnte.« Es scheint nur noch eine Frage von Tagen zu sein, dann müssen die Holländer aufgeben. Da zieht in der Nacht zum 1. Oktober 1574 ein mächtiger Sturm auf, verbunden mit starken Regenfällen. Die Deiche an den Küsten brechen, und eine riesige Flutwelle stürzt kilometerweit über das Festland. Sie fegt das Heer der spanischen Belagerer einfach hinweg. Über 20 000 Soldaten finden den Tod – ein gewaltiger Aderlass für Spanien. Die Belagerung von Leiden muss aufgegeben werden, denn nun können patriotische Freibeuter, die »Wassergeusen«, über das bis dahin trockene Land bis zur Stadt segeln und den Eingeschlossenen zu Hilfe kommen. Der Krieg zieht sich weiter hin. Doch es gibt auch noch eine andere Theorie, nach der sind die Deiche nicht durch den Sturm zerstört worden, sondern durch niederländische Freiheitskämpfer auf Befehl Wilhelms von Oranien.

»Trutz, blanke Hans!«

Nordfriesische Sturmfluten (1362–1717)

Der »Blanke Hans« ist in der friesischen Sage der Herrscher der Nordsee. Immer wieder hat er in Nordfriesland in den vergangenen Jahrhunderten unbarmherzig zugeschlagen und mit großen Sturmfluten Zehntausende von Menschen mitsamt ihrem Hab und Gut vernichtet. Die schlimmste Flut seit Menschengedenken an der Nordseeküste, die »Grote Mandränke«, ereignet sich in der Nacht des 16. Januar 1362. Einige Tage zuvor hat sich eine extreme Wetterlage gebildet: Über den Azoren liegt ein Hoch, während von Grönland und Island ein Tiefdruckgebiet in die Nordsee zieht. Zwischen den beiden unterschiedlichen, sich kaum bewegenden Druckgebieten bildet sich ein Orkan, der immer stärker wird und tagelang anhält. Er stürmt aus Westen direkt auf die nordfriesische Küste zu. Die damaligen Siedler, Friesen aus Holland, haben Dämme gebaut und weite Teile des Wattenmeeres eingedeicht und mit dem Festland verbunden. Die Menschen, die in den auf dem fruchtbaren Marschland weit verstreut und auseinandergezogen liegenden friesischen Langhäusern leben – mit Wohn- und Stalltrakt unter einem Dach –, fühlen sich sicher hinter den neuen Deichen. Nach deren Fertigstellung soll der Deichgraf ausgerufen haben: »Nun Trutz, blanke Hans!«

Doch der Orkan wird immer stärker. In der Nacht des 16. Januar 1362 drückt er das Wasser, das bei Ebbe nicht abfließen kann, zwei bis drei Meter hoch über die Deiche hinweg in das Land hinein. Die Dämme brechen, und das Wasser überflutet das tief liegende Land. Diese Sturmflut, von der keine zeitgenössischen Berichte existieren, zeichnet die nordfriesische Küstenlinie neu. Die erste überlieferte Chronik der Katastrophe wird 300 Jahre später von Anton Heimreich verfasst. Er berichtet von 7600 Toten und dem Untergang der sagenumwobenen Hafenstadt Rungholt. Doch wahrscheinlich hat es viel mehr Opfer gegeben. Heute schätzt man die Zahl der Toten zwischen 10 000 und 50 000. Etwa 70 Dörfer versinken im Meer, mit ihnen auch alles Vieh.

Die Hafenstadt Rungholt hat sich in den Jahrzehnten vor der »Groten Mandränke« zu einem bedeutenden Handelsplatz entwickelt. Ihre Einwohner haben es zu Ansehen und Reichtum gebracht. Aus dem seit dem 12. Jahrhundert in großen Mengen abgebauten salzhaltigen Torf stellt man das »weiße Gold« her: Der Torf wird verbrannt, und aus der zurückbleibenden Asche wird eine Salzlösung herausgefiltert, aus der man durch Erhitzen schließlich reines Salz gewinnt. Dieses wird vorwiegend nach Hamburg geliefert, aber auch nach Flandern und ins Rheinland. Doch mit dieser Art der Salzgewinnung schaufeln sich die wohlhabenden Rungholter Friesen ihr eigenes Grab. Denn je mehr Torf abgebaut wird, desto tiefer liegt die Oberfläche des Landes und desto mehr bietet sie dem Meer günstige Angriffsflächen. Als die große Sturmflut 1362 über Rungholt hereinbricht, geht das ganze Land unter. Von ihm sind heute nur noch die Insel Pellworm und die westlich von Husum gelegene Halbinsel Nordstrand sowie die Halligen Nordstrandischmoor und Südfall übrig geblieben. Auch Sylt, Amrum und Föhr entstehen zu dieser Zeit in ihrer heutigen Gestalt als neue, reine Inseln.

Im Jahr 1882 fährt der deutsche Balladendichter Detlev von Liliencron mit einem Dampfer an jenen Ort, an dem man das untergegangene Rungholt vermutet, sehr wahrscheinlich im Gebiet der kleinen Hallig Südfall zwischen Pellworm und Nordstrand. Unter dem Eindruck des einstigen grausigen Geschehens im 14. Jahrhundert schreibt er das neunstrophige Gedicht »Trutz, Blanke Hans«:

»Heut bin ich über Rungholt gefahren,
die Stadt ging unter vor 600 Jahren.
Noch schlagen die Wellen da wild und empört,
wie damals, als die Marschen zerstört.
Die Maschine des Dampfers schütterte, stöhnte,
aus den Wassern rief es unheimlich und höhnte:
Trutz, Blanke Hans.«

Die nächste gewaltige Sturmflut in Nordfriesland folgt am 16. Oktober 1634. »Im Westen und Süden zogen finstere Wolkenmassen am

Himmel auf, obwohl der Wind noch ruhte«, notiert ein Augenzeuge. Zunächst ist es totenstill, aber dann bricht der Orkan los. Es regnet, hagelt und donnert. In der Nacht dreht der Wind nach Nordwest. Gegen 18 Uhr setzt die Flut ein, die Deiche brechen an 44 Stellen. Um 22 Uhr ist bereits alles vorbei. In diesen vier Stunden ertrinken 6123 Menschen und fast 50 000 Tiere. 21 Dörfer, 1339 Häuser, 28 Windmühlen und sechs Kirchen werden zerstört. Die überlebenden Halligbauern sind in ihrer Armut und Not nicht in der Lage, neue Deiche zu bauen. Sie schichten Erde und Torf lediglich zu kleinen Hügeln auf, den sogenannten Warften. Im Jahr 1652 kommt in einem Vertrag mit den Holländern das alte harte Deichgesetz voll zum Tragen:»Keen nich will dieken, de mutt wieken!« – »Wer nicht deichen will, muss weichen.« Die Einwohner werden enteignet und entrechtet. Viele verlassen aus Gram ihre Heimat.

Die Weihnachtsflut von 1717 fordert zwischen Dithmarschen und Ostfriesland erneut 8500 Todesopfer. Wieder dreht der starke Sturm von Südwest auf Nordwest und drückt die Wassermassen über das Land. Dann vergehen fast 250 Jahre, bis am 17. Februar 1962 bei ähnlicher Wetterlage die nächste große Sturmflut über die Nordseeküste hereinbricht. Sie wird uns in einem späteren Kapitel ausführlich beschäftigen.

Das schlimmste aller Erdbeben?

China, Provinz Shanxi, 23. Januar 1556

Wenn heute irgendwo in der Welt Erdbeben Schlagzeilen machen, fallen uns sofort die schrecklichen Katastrophen der Vergangenheit ein, die große Städte verwüstet haben. Die wahrscheinlich schlimmste Erdbebenkatastrophe der Geschichte mit der bisher weitaus höchsten Zahl von Todesopfern kennt aber kaum jemand. Sie ereignete sich bereits im Mittelalter im fernen China, und das ist vielleicht auch der Grund, warum wir relativ wenig über sie wissen.

Kein anderes Volk hat die Naturphänomene über die Jahrtausende hinweg so lückenlos und gewissenhaft aufgezeichnet wie die Chinesen. Bereits seit dem Jahr 1831 v. Chr. dokumentierten sie nicht nur Sonnen- und Mondfinsternisse, das Auftauchen von Kometen oder neuer Sterne am Himmel, Sonnenflecken oder Planetenkonjunktionen, sondern auch sämtliche größeren Erdbeben. Und davon hat es in Chinas Geschichte viele gegeben. So wird auch von dem großen Unglück des 23. Januar 1556 berichtet, das sich ereignet, als Kaiser Jiajing aus der Ming-Dynastie regiert. Große Teile der Provinz Shanxi in Zentralchina und neun angrenzender Provinzen werden verwüstet. Das Epizentrum liegt im Kreis Hua. Heutige Schätzungen gehen von einer Erdbebenstärke von mindestens 8,25 auf der Richterskala aus. Große Teile der zeitgenössischen Aufzeichnungen müssen verloren gegangen sein, denn über dieses Erdbeben sind nur wenige Details überliefert. So wissen wir aus einem alten Bericht lediglich, dass 830 000 Menschen ums Leben gekommen sein sollen – eine schreckliche, erschütternde Zahl, die auf die gewaltige Kraft und das furchtbare Ausmaß dieses Erdbebens schließen lässt. Und die sich vielleicht auch daraus erklärt, das China schon zu dieser Zeit das bevölkerungsreichste Land der Erde war.

In manchen Bezirken sterben über 60 Prozent der Bevölkerung. Das ist auch darauf zurückzuführen, dass ein Großteil der Menschen in künstlichen, in die Berghänge aus Löss hineingehauenen Wohnhöhlen lebt, die während des Bebens schnell wie Kartenhäuser zusammenstürzen und die Menschen unter sich begraben. In einem Umkreis von etwa tausend Quadratkilometern verändert sich bei anhaltendem Donnern und Grollen unter der Erdoberfläche das ganze Land; Berge werden zu Tälern und Täler zu Bergen. Auch der massive Turm des Puiju-Tempels wird zerstört. In der alten chinesischen Chronik heißt es weiter, Bäche seien plötzlich aus dem Boden gesprungen. Die Quelle erwähnt auch, dass die Region um den Wei-Fluss, einen Nebenfluss des Huang He, des Gelben Flusses, besonders stark betroffen war. Doch das ist auch schon alles, was uns über diese mittelalterliche Mega-Katastrophe bekannt ist. Sie bleibt weitgehend im Dunkeln der Geschichte verborgen.

Katastrophen in neuerer Zeit
(1600–1950)

Die Schmiede des Hephaistos
Ätna, Italien, 11. März 1669

Der Ätna ist seit Jahrtausenden der höchste und aktivste Vulkan Europas. Er liegt, meist in eine weiße Dampfwolke eingehüllt, mit einer Fläche von 1250 Quadratkilometern an der Ostküste Siziliens in der Nähe von Messina und wird infolge ständiger Ausbrüche und sich neu bildender Schlackenkegel immer höher. Aktuell misst er stolze 3370 Meter, und er ist auch heute noch durchschnittlich drei Monate im Jahr aktiv. Im Laufe der Zeit haben sich über 400 Nebenkrater gebildet. Der imposante Berg sitzt auf einem »heißen Fleck« und dient quasi als Ventil für enorme, sich im Innern der Erde aufbauende Kräfte – er erhebt sich gerade dort, wo die afrikanische und die europäische Kontinentalplatte aufeinandertreffen und sich fortwährend aneinander reiben.

Das war auch in vorchristlicher Zeit schon so. Allerdings wissen die Griechen, die als erste Augenzeugen über die drei Ausbrüche der Jahre 1226, 1170 und 1149 v. Chr. berichten, noch nichts von diesen geologischen Zusammenhängen. Nach ihrer Vorstellung sind die Eruptionen des Ätna darauf zurückzuführen, dass Hephaistos, der griechische Gott des Feuers und der Schmiedekunst, tief unten im Berg eine Werkstätte unterhält, in der er mithilfe der Zyklopen ständig Waffen und Werkzeuge herstellt. Pythagoras dokumentiert einen Ausbruch im Jahre 525 v. Chr. Und der griechische Geschichtsschreiber Thukydides hält 477 v. Chr. fest, dass »in den ersten Frühlingstagen dieses Jahres« große Feuerströme aus dem Ätna herausgetreten seien. Sie hätten »Teile jener Landstriche vernichtet, die von den Cataniern besiedelt werden«. Die Stadt Catania wird durch diesen Ausbruch, über den auch der Philosoph Seneca berichtet, fast vollständig zerstört, danach aber wieder aufgebaut. Um die Zeitenwende

77

verfasst der römische Dichter Vergil eine recht plastische und ein-
drucksvolle Beschreibung eines Ausbruchs des Ätna:»Manchmal
wirft er zum Äther empor eine düstere Wolke, pechschwarz wirbelt
ihr Qualm, durchgleißt von glühender Asche. Flammenkugeln treibt
er hinaus, leckt feurig die Sterne. Manchmal speit er Klippen, zer-
rissenes Bergeingeweide, würgend hervor, wirft flüssige Felsbrocken
hoch in die Lüfte stöhnend in Klumpen empor und kocht vom un-
tersten Grunde.«

Bei weiteren heftigen Ausbrüchen in den Jahren 477 v. Chr. und
122 v. Chr. werden einige umliegende Dörfer von Lava und Vulkanasche zugedeckt. Daraufhin beschließt Rom, die Provinz Sizilien für
zehn Jahre von allen Steuerpflichten zu befreien – die erste amtliche
Katastrophenhilfe, von der wir wissen. Der feurige Vulkan ist ständig
aktiv. Als im Jahr 251 n. Chr. erneut Lavaflüsse auf Catania zuströ-
men, fliehen verängstigte Bürger zum Grabmal der heiligen Agatha
und entfernen den Schleier, der ihre sterblichen Überreste bedeckt.
Sie heben diesen Schleier einem Schutzschild gleich in die Höhe und
gebieten dadurch dem näher kommenden Lavastrom Einhalt. Als im
Jahr 1169 die Erde erneut auf der ganzen Insel bebt, der Ätna mit
einem gewaltigen Grollen drohendes Unheil ankündigt und sich in
allen Brunnen Siziliens das Wasser zunächst brackig und dann blut-
rot verfärbt, erinnern sich die Menschen an diese Legende. Tausende
Gläubige suchen in der großen Kathedrale von Catania Zuflucht, wo
der Bischof erneut den Schleier der heiligen Agatha hervorholt und
schützend in die Höhe hebt. Doch diesmal bleibt die Wirkung aus:
Zeitgleich mit dem Beben explodiert ein Teil des Vulkankegels, und
mächtige Gesteins- und Lavamassen begraben ganz Catania unter
sich. In der Kathedrale kommen alle, die sich dort aufhalten, zu
Tode. Das Beben löst zugleich einen riesigen Tsunami aus, der alles
überschwemmt und die Menschen, die an den Stränden Zuflucht gesucht haben, in den Tod reißt. Insgesamt sterben 15000 Menschen
bei dieser Katastrophe.

Die verheerendste Eruption in der langen Geschichte des Ätna
ereignet sich jedoch am 11. März 1669. Wieder geht ein schweres
Erdbeben voraus, das drei Tage andauert und die Stadt Nicolosi verwüstet. Ein Sturmwind zieht über den Berg dahin, die Sonne verdunkelt sich. Im Morgengrauen des 11. März öffnet sich unter dump-
fem Grollen plötzlich eine riesige 20 Kilometer lange und zwei Meter

breite Spalte in der Erde, aus der sich ein weiß-rötlicher Lichtstrahl erhebt. Dann steigt rote Flammenglut empor. Aus sieben Kratern werden glühendes Gestein, giftige Gase sowie Asche und Sand in die Luft geschleudert. Die tödlichen Lavaströme bedecken eine Fläche von 230 Quadratkilometern und begraben 50 Orte unter sich. Weingärten und Kornfelder werden mitgerissen. Und auch Catania ist erneut bedroht; die feurige Lava fließt direkt auf die Stadt zu. Ein mutiger und entschlossener Italiener namens Diego Pappalardo sammelt 50 Einwohner um sich und versucht, seine Heimatstadt zu retten. Die Männer legen sich nasse Kuhhäute zum Schutz gegen die enorme Hitze um und ziehen, mit langen Eisenstangen bewaffnet, dem Lavastrom entgegen. Sie reißen an den Flanken des Stroms, dort, wo sich die Lava schon abgekühlt hat, die Dämme, die sich gebildet haben, ein, um die glühenden Gesteinsmassen umzuleiten. Tatsächlich bahnt sich an der Einbruchstelle nun ein Nebenstrom seinen Weg. Dadurch wird der Lauf des Hauptstroms verlangsamt. Doch der Nebenstrom fließt direkt auf das 18 Kilometer nordwestlich von Catania gelegene Dorf Paternò zu.

Entsetzt greifen die Dorfbewohner nun ihrerseits zu allerlei Geräten und schaufeln die Einbruchstelle im Damm des Hauptstroms wieder zu. Ungehindert steuert die Lava erneut in Richtung Catania. Vor der Stadt hat man eine 18 Meter hohe Schutzmauer errichtet. Drei Tage lang hält diese dem Lavastrom stand, dann bricht sie. Die glühende Lava überflutet die Straßen Catanias und walzt alles nieder. Ein englischer Gesandter ist Augenzeuge der Zerstörungen. Er schreibt:»Ich konnte erkennen, wie der Feuerfluss den Berg hinunterkam, in glühend rote Farbe getaucht, hellrote Steine schwammen auf ihm ... Von den 20 000 Menschen, die in Catania wohnten, blieben nur 3000 zurück.« Über 20 000 Menschen kommen um. Einige Quellen sprechen sogar von 60 000 bis 100 000 Todesopfern. Alle nachfolgenden Ätna-Eruptionen bleiben in ihrem Ausmaß hinter dieser schrecklichen Katastrophe zurück.

Auch die Eruptionen vom Dezember 1991 und März 1993 sind wieder sehr schwer. Und in der zweiten Januarwoche des Jahres 1998 erschüttert ein Erdbeben die normalerweise ruhige Westflanke des Berges. Die instabilen Kraterwände stürzen ein und reißen die Magmaglut mit in die Tiefe, wodurch ein größeres Unglück vermieden wird. Die»Schmiede des Hephaistos« gibt keine Ruhe, sie grummelt auch in unseren Tagen weiter. Im Juli 2001 kommt es wieder zu einer heftigen Eruption. Wochenlang wälzt sich heiß glühende Lava den Hang hinunter und bedroht das Dorf Nicolosi. Wie durch ein Wunder kommt der Strom kurz vor einem bekannten am Berghang gelegenen Ausflugsrestaurant zum Stillstand. Seit 1981 ist die Gegend um den Ätna ein Nationalpark. Die Ausbrüche werden zur Touristenattraktion und können nun auf schönen Videoaufnahmen immer wieder angesehen werden.

Im Winter 2002/2003 wütet der Ätna drei Monate lang. Die Feuerfontänen steigen bis zu 200 Meter hoch in den Himmel, und kleinere Beben erschüttern wochenlang die Region, während der Berg fortwährend Asche und Gestein ausspuckt und einige Dörfer bombardiert. Auch die Seilbahn, die bis auf 2600 Meter Höhe auf den Berg hinaufführt, wird zerstört. Seit August 2004 ist eine neue Seilbahn in Betrieb. Von ihrer Endstation kann man nun sogar für 40 Euro pro Person mit Bussen bis auf 3000 Meter Höhe an die einzelnen Krater heranfahren. Und von Catania aus führt eine 110 Kilometer lange Eisenbahnlinie rund um den Berg. Als wolle Hephaistos seinen Unwillen über all dieses übermütige Menschenwerk ausdrücken, tritt ab 13. September 2004 an der Südostseite des Vulkans in 2700 Metern Höhe erneut ein breiter Lavastrom aus und fließt Richtung Bove-Tal. Auf der Autobahn halten die Menschen an, um im Dunklen das imposante Schauspiel zu beobachten.

In den Jahren 2012 und 2013 bricht der Ätna wieder mehrere Male aus. Nach vorangegangenen Erdstößen werden Lavafontänen bis zu 600 Meter hoch in den Himmel geschleudert. Es gibt zwar keine Toten und Verletzten, aber der Flugverkehr wird jeweils stark beeinträchtigt. Seitdem schlummert der feuerspuckende Riese still vor sich hin. Doch die Menschen in Catania und den umliegenden Dörfern wissen: Es ist nur eine Frage der Zeit, bis er wieder erwacht und Chaos und Zerstörung über sie bringt.

»The Great Storm«

England, 24. November bis 2. Dezember 1703

Die Engländer sprechen noch heute vom »Great Storm«, vom »Großen Sturm«. Damit meinen sie den schlimmsten Sturm, der ihr Land jemals heimgesucht hat. Er hält eine ganze Woche lang an, vom 24. November bis zum 2. Dezember 1703 (nach dem damals in England noch gültigen Julianischen Kalender; nach dem heutigen vom 5. bis 13. Dezember). Wir könnten diesen Sturm auch den »Robinson-Orkan« nennen. Denn er ist es, dem der weltbekannte Romanheld Robinson Crusoe sein literarisches Leben verdankt. Dieser unglaublich zerstörerische Sturm, der die tobende See gegen die Küsten Südenglands peitschte, hat Daniel Defoe – zu diesem Zeitpunkt Verfasser von Flugschriften – tief beeindruckt und ihn zum Schreiben eines Romans inspiriert. Er schildert, wie der nach einem Schiffbruch gestrandete, allein gerettete Seemann Robinson Crusoe aus York 28 Jahre lang auf einer unbewohnten Insel überlebt, bis ihn Piraten schließlich befreien. Es ist der erste englische Abenteuerroman, und er ist unerhört erfolgreich. Das Buch erscheint allerdings erst 1719, 16 Jahre nach dem »Großen Sturm«. Daniel Defoe ist Augenzeuge dieser Katastrophe, die 1703 über die Britischen Inseln und den Ärmelkanal hereinbricht. Ihm verdanken wir die wenigen Aufzeichnungen, die es darüber gibt. »Keine Feder könnte es beschreiben, keine Zunge ausdrücken und kein Gedanke je begreifen«, notiert er, »es sei denn, er hat dieses Äußerste miterlebt.«

Im Jahr 1703 ist in England Königin Anna auf dem Thron. Es ist die Zeit, da der englische Aufklärungsphilosoph John Locke mit seinen Schriften für den bürgerlich-liberalen Staatsgedanken eintritt und der Naturwissenschaftler Isaac Newton bahnbrechende Erfindungen und Entdeckungen, wie zum Beispiel das Gravitationsgesetz, macht.

Das Land ist in den Spanischen Erbfolgekrieg verwickelt. Nach dem Sieg der verbündeten englischen und holländischen Flotten über die französischen Seestreitkräfte Ludwigs XIV. im Jahr 1692 wird England die erste Seemacht der Welt. Englische Schiffe beherrschen die Meere. Und in London und den südenglischen Häfen Grimsby, Falmouth, Bristol und Plymouth ankern Hunderte von Handels- und Kriegsschiffen. Auch Ende November 1703 ist das so; die Ankerplätze sind voll von kleinen und großen Schiffen. Die meisten Mannschaften sind an Bord, denn es regnet seit Tagen fast ununterbrochen. Kein gutes Wetter zum Auslaufen, zumal ein böiger Wind in Richtung Küste immer mehr auffrischt. Doch er ist nur ein Vorbote dessen, was nun mit Urgewalt über West- und Südengland hereinbricht.

Ein zweites Tief bewegt sich von Südwales nordöstlich Richtung Schottland. An seiner südlichen Flanke entwickelt sich ein starker Tiefdruck bis unter 950 Millibar. Die Folge sind Windstärken über 12; ein gewaltiger Orkan baut sich auf. Seinen Höhepunkt erreicht er in der Nacht vom 26. zum 27. November. Es ist die Nacht, in der Daniel Defoe in den Straßen von London beinahe von einem einstürzenden Schornstein erschlagen wird. In Gloucestershire, Kent, Norfolk, Oxfordshire, Somersetshire, Suffolk, Sussex und Worcestershire werden über 5000 Häuser zerstört. Ställe und Scheunen, Schuppen und Heuschober werden ebenso wie Menschen in die Luft gewirbelt. Selbst ein solch starkes Gebäude wie die Westminster Abbey in London kann dem Orkan kaum standhalten. »Ihr Dach wurde aufgerollt wie Pergament«, schreibt Defoe. Abgedeckte Dachziegel sausen wie Geschosse durch die Luft. Der Orkan rammt sie »zwischen fünf und acht Inches tief in festes Erdreich«.

Am nächsten Tag zählt Defoe auf der Themse von der London Bridge flussabwärts 700 zertrümmerte, ineinander verkeilte oder an den Ufern zerschellte Schiffe. In den Häfen der West- und Südküste, wo auch einige russische und spanische Schiffe vor Anker liegen, ertrinken etwa 8000 Seeleute. Nimmt man die in der Nordsee gekenterten britischen Segelschiffe dazu, von denen einige, wie das Flaggschiff »The Association«, bis nach Schweden abgetrieben werden, übersteigt die Zahl der getöteten Matrosen 15 000. Einige Quellen sprechen sogar von 30 000 Ertrunkenen. Hinzu kommen zahllose weitere Menschen, die an Land vom Orkan getötet werden. In einer einzigen Nacht verliert England 15 Kriegsschiffe und einige Hundert

Handelsschiffe – mehr als je zuvor in einer Schlacht. Ein gewaltiger Aderlass für die britische Flotte.

Küstenstädte wie Portsmouth sind »in kleine Stücke geteilt« und sehen nach Defoes Beschreibung aus, »als hätte sie der Feind geplündert«. Das Meer zwischen der Insel Wight und der englischen Küste ist übersät mit Schiffwracks. In Bristol steigt der Fluss Severn auf fast drei Meter über Normalhöhe an und überflutet alles in seinem Bereich. In der Nacht zum 27. November wird auch der mächtige, gerade neu errichtete Leuchtturm von Eddystone zerstört. Seine sechs Bewohner kommen um. Allein im New Forest werden über 4000 Bäume entwurzelt. In Bath wird der Bischof im Schlaf von den einstürzenden Trümmern seines Hauses erschlagen. Und in London sucht Königin Anna Schutz in einem Keller unter dem St. James's Palace, dessen Schornsteine umgemäht werden wie Strohhalme und dessen Dach fast komplett abgedeckt wird.

Überall im Lande fasst man den Sturm als Rache Gottes auf. Die Königin erklärt angesichts »der schreienden Sünden dieser Nation« den 16. Dezember zum nationalen Fastentag. Denn die große Katastrophe, die über das Land gekommen sei, rufe laut »nach tiefster und feierlichster Erniedrigung unseres Volkes«.

Tödliche Zyklone

Indien und Bangladesch, 1737–1991

Stürme werden durch Temperaturunterschiede ausgelöst: Je größer sie zwischen dem Äquator und den Polen sind, desto kräftiger entwickeln sich die Sturmtiefs. Tropische Wirbelstürme über dem Indischen Ozean, sogenannte Zyklone, besitzen ein besonders großes Katastrophenpotenzial. Sie bilden sich meist über dem Golf von Bengalen und treffen dann auf die dicht besiedelten Gebiete Indiens. Deshalb sind die Opferzahlen in der Regel sehr hoch, höher als durch alle anderen Stürme auf unserer Erde. Das war schon im 18. Jahrhundert so: In der Bucht von Bengalen hatte sich eine blühende Schifffahrt entwickelt, und in den Küstenregionen lebten schon damals viele Menschen. Am 7. Oktober 1737 ankern in der Bucht etwa 20 000 Schiffe – eine leichte Beute für den Zyklon, der an diesem Tag, begleitet von einer meterhohen Flutwelle, über die Mündung des Hooghly River hinwegrast und 300 000 Menschen tötet. Es ist dies die höchste Zahl an Personen, die bis dahin jemals durch einen Sturm umgekommen sind.

Auch der Zyklon, der im Dezember 1789, dem Jahr der Französischen Revolution, mit drei Flutwellen in der Ganges-Mündung auf die geschäftige Hafen- und Handelsstadt Coringa trifft, ist schwer. Nur ein einziges Haus bleibt stehen. Enorme Massen von Schlamm und Treibsand bedecken die Ruinen und die über 20 000 Toten. Nur 50 Jahre später, im November 1839, wird die gerade wieder aufgebaute Stadt Coringa noch einmal von einem Zyklon heimgesucht. Die gigantische Flutwelle, die dieser Sturm mit sich bringt, ist über zwölf Meter hoch. Coringa wird vollständig vernichtet und nie wieder ganz aufgebaut. Erneut verlieren über 300 000 Menschen ihr Leben.

Im nördlichen Teil der Bucht von Bengalen ist der Wasserstand extrem hoch. Deshalb sind Städte wie Kalkutta stets besonders gefährdet. Als 1833 ein Zyklon über der Stadt wütet und über 300 umliegende Dörfer zerstört, sind 50 000 Tote die Folge. Ebenso viele Opfer fordert der Zyklon vom 5. Oktober 1864 allein in Kalkutta. Er stürzt sich im Morgengrauen mit einer riesigen Flutwelle ausschließlich auf diese Stadt und überflutet sie vollständig. Die durch verunreinigtes Wasser hervorgerufenen Seuchen fordern in den folgenden Wochen weitere 30 000 Tote. Dem Zyklon vom 31. Oktober 1876, der an der Mündung des Meghna-Flusses über die Stadt Backergunge hereinbricht, gehen typische Vorzeichen voran: Die Gezeitenfluten sind Tage vorher viel höher als sonst, sie überschwemmen sämtliche Strände. Doch die Menschen schenken dem keine besondere Beachtung. Das ist mit ein Grund, warum über 200 000 Einwohner in Backergunge ihr Leben lassen müssen. Alles Land ringsumher versinkt in den Fluten. An einigen Stellen steht das Wasser über zwölf Meter hoch. Eine Choleraepidemie fordert weitere Opfer.

Doch all diese furchtbaren Zyklone werden an Zerstörungskraft und Zahl der Toten von einer Sturmkatastrophe übertroffen, die weithin als eine der größten des 20. Jahrhunderts angesehen wird. Verursacht wird sie durch einen tödlichen Zyklon, der sich am 12. November 1970 mit einer Flutwelle von bis zu 15 Metern Höhe über dem Ganges-Delta und den vorgelagerten Inseln austobt. Zwischen 300 000 und 500 000 Menschen sterben. Die genaue Zahl kann nie ermittelt werden, viele Leichen werden nie gefunden. Das Gebiet zählt 1970 noch zu Ost-Pakistan. Erst vier Monate nach der Katastrophe, im März 1971, erklärt das Land seine Unabhängigkeit und wird zur Volksrepublik Bangladesch. Flächenmäßig ist Bangladesch fast doppelt so groß wie die Bundesrepublik Deutschland, es hat aber bereits 1970 über 120 Millionen Einwohner. Das Land besteht an den Unterläufen des Ganges und des Brahmaputra zum größten Teil aus angeschwemmtem Tiefland mit fruchtbaren Marschböden. Hier fällt fast ständig tropischer Monsunregen. Bangladesch ist eines der regenreichsten Gebiete der Welt – und eines der sturmreichsten.

Die Katastrophe vom 12. November 1970 verläuft besonders tragisch. Nur einen Monat zuvor hatte man das ganze Ganges-Delta aufgrund einer Zyklonwarnung evakuiert. Doch der Sturm vom 23. Oktober erwies sich dann als schwach, der Schaden war minimal.

Als ein Wettersatellit am 11. November 1970 vor einem besonders schweren Zyklon warnt, dem Sturm des Jahrhunderts, wird das als neuer falscher Alarm abgetan. Radio Pakistan ignoriert die Meldung einfach – ein unglaublicher Leichtsinn. Die Bevölkerung wird nicht informiert. Sie wird buchstäblich im Schlaf überrascht, als der Zyklon um Mitternacht des 12. November mit kaum vorstellbarer Gewalt und Geschwindigkeiten von bis zu 240 km/h das Ganges-Delta erreicht. Die einfachen, strohgedeckten Hütten und Häuser werden weggespült. Die reißende Strömung zieht die bis dahin schlafenden Bewohner hinaus aufs Meer. Sämtliche Kommunikationsverbindungen sind unterbrochen. Erst nach zwei Tagen erfährt das ganze Land von der Katastrophe. Über dem Gebiet breitet sich ein widerlicher, süßlicher Verwesungsgestank aus. Geier kreisen in der Luft, Cholera und Typhus wüten. Es gibt kein Trinkwasser, die Nahrungsmittel sind verdorben. Aus allen Teilen der Welt treffen Rettungsteams ein. Bei der Verteilung von Nahrungsmitteln kommt es immer wieder zu Unruhen. Es dauert Monate, bis alle Leichen von den Straßen der Städte und den umliegenden Feldern geborgen sind.

Am 25. Mai 1985 wird ein über 1000 Quadratkilometer großes Gebiet südlich von Bangladeschs Hauptstadt Dhaka, in der allein fast acht Millionen Menschen leben, in ähnlicher Weise von einem schweren Zyklon überrascht. Ein Satellit hat ihn drei Tage zuvor über dem Indischen Ozean entdeckt. Doch wiederum versäumt man es, die Bevölkerung vorzuwarnen. Diesmal kommt der Killersturm im Frühjahr und fällt mit der Reisernte zusammen. Hunderttausende Arbeiter sind aus anderen Regionen gekommen, um bei der Ernte zu helfen. Viele Menschen schaffen es, sich in Betonbunker zu retten, die an den Stränden errichtet worden sind. Deshalb ist die Zahl der Toten mit rund 10 000 wesentlich geringer als 15 Jahre vorher. Doch 500 000 Stück Vieh verenden in den Fluten. In Bangladesch, das mit einem Jahreseinkommen von 170 US-Dollar pro Kopf zu den ärmsten Ländern der Welt zählt, kommt es zu einer großen Hungersnot.

In den folgenden Jahren errichtet man an den Küsten ein Sturmwarnsystem. Über Trommelsignale und per Lautsprecher wird vor auftauchenden Zyklonen gewarnt. Doch es kommt regelmäßig zu Fehlalarmen. Die Glaubwürdigkeit des Systems ist in der Bevölkerung untergraben. So beachten die Menschen auch kaum die Meldungen, die am 29. April 1991 vor einem schweren Zyklon warnen, der, hohe Wellenberge vor sich hertreibend, auf die Küste von Bangladesch zustürmt. In der Vollmondnacht des 30. April 1991 wirbelt er mit einer Geschwindigkeit von bis zu 230 km/h exakt um 1.00 Uhr, zur Zeit des höchsten Standes der Flut, südlich von Chittagong, der zweitgrößten Stadt des Landes, an Land und verwüstet es. Die vorgelagerten Inseln und der berühmte Urlaubsstrand von Cox's Bazar gehen unter. 500 Fischerboote mit 5000 Fischern verschwinden für immer. Ein Passagierschiff mit 800 Personen an Bord wird meterweit aufs Land geworfen. Haushohe Wellenberge ertränken das ganze Gebiet, in dem ein Zehntel der Bevölkerung von Bangladesch in meist einfachen Strohhütten haust.

Überlebende versuchen, vorbeitreibende Bananenbäume zu ergreifen, werden dabei aber von massenweise aus ihren Unterschlüpfen hervorgekrochenen Giftschlangen gebissen und sterben. Es regnet ununterbrochen. Die Flüsse treten über die Ufer und sorgen für zusätzliche Überschwemmungen. Die gesamte Reisernte ist verdorben, und das Land, auf dem Reis angebaut wird, ist für mehrere Jahre unbrauchbar. Die Ölraffinerien sind vernichtet. 115 Millionen Menschen verlieren Haus und Hof, und fast 140 000 kommen in den Fluten um. Der Schaden beläuft sich auf über drei Milliarden Dollar. Verzweifelt wendet sich die Regierung von Bangladesch an die Welt und bittet um Hilfe. Doch die USA, Japan und Westeuropa sind zu dieser Zeit gerade mit umfangreichen Hilfsaktionen für die Kurden und einige afrikanische Länder befasst, sodass die Hauptlast der Hilfeleistung für Bangladesch bei UNICEF und CARE verbleibt. Sie schicken Plastikbahnen als Notunterkünfte und Wasseraufbereitungsanlagen sowie Medikamente zur Bekämpfung der aufkommenden Seuchen.

Die Koordination der Maßnahmen wird nicht nur durch erneute Schlechtwetterfronten erschwert, sondern auch durch die offensichtliche Unfähigkeit der Regierungsstellen. Chaos und Korruption machen sich breit. Eingeführter Reis wird plötzlich um ein Vielfaches über dem Marktpreis verkauft, und Nägel kosten zehnmal mehr als vor dem Zyklon. Plünderer halten Lkw-Kolonnen an und rauben sämtliche Nahrungsmittel. Der »Dhaka Kurier« schreibt einige Zeit nach der Katastrophe: »Kein Land hat eine derartige Hypothek zu tragen. Es stellt sich ernsthaft die Frage, ob nicht ein Fluch über dem Land liegt.«

Europas größtes Erdbeben

Die Hölle von Lissabon, 1. November 1755

Es ist Allerheiligen, ein hoher katholischer Feiertag. Überall in den Kirchen und Kathedralen von Lissabon knien an diesem Samstagmorgen des 1. November 1755 Tausende von gläubigen Menschen nieder, um zu beten und Gott sowie allen Heiligen zu danken. Um 9.50 Uhr beginnen plötzlich die Wände zu schwanken. Die schweren Kronleuchter schwingen hin und her, und von den Altären poltern brennende Kerzen auf den bebenden Boden. Ein heftiger Erdstoß erschüttert die Stadt, die zu dieser Zeit 275 000 Einwohner hat und zu den größten und schönsten Städten Europas zählt. Die steinernen Gebäude sind auf terrassenförmigen Hügeln mit Blick auf den Tejo errichtet worden und verleihen Lissabon, der »Perle am Tejo«, ein zauberhaftes, einzigartiges Gepräge. Ein Schiffskapitän beobachtet vom Hafen aus, wie die Gebäude und Türme langsam und beinahe mit würdevoller Erhabenheit hin und her schwanken »wie ein Weizenfeld im Wind«. Überall stürzen in den engen Straßen der Stadt Gebäude ein. Die Kirchen Santa Catarina und São Paulo begraben Hunderte von betenden Menschen unter sich. Schreiend und von Panik ergriffen sammeln sich die Menschen auf dem Platz vor der Basilika Santa Maria, Lissabons schöner alter Kathedrale. Sie knien nieder und bitten Gott um Barmherzigkeit und Gnade. Da geht ein zweiter, noch stärkerer Erdstoß durch die Stadt. Er bringt auch die Basilika zum Einsturz. Tausende hilflose Menschen werden von den schweren Gesteinsbrocken erschlagen. Innerhalb weniger Augenblicke ist der Platz mit meterhohen Trümmern übersät.

Das dritte Beben ist das stärkste und versetzt Lissabon den Todesstoß. Mitten in der Stadt tut sich ein riesiger Spalt auf. Über 18 000 Häuser fallen in sich zusammen, und Brücken, Paläste und

Glockentürme stürzen mit lautem Getöse ein. Das Beben hat nach heutigen Schätzungen eine Stärke von 9,0 und zählt zu den drei oder vier stärksten Beben, die sich je ereignet haben. Es dauert insgesamt kaum zehn Minuten, aber die Auswirkungen sind fürchterlich. Das Epizentrum des Bebens liegt mehrere Hundert Kilometer vor der Küste, mitten im Atlantik im Bereich der Azorenschwelle. Nach dem ersten Erdstoß zieht sich das Wasser des Tejo und des Meeres so weit zurück, dass man seinen Grund bis hinaus zu einer Sandbank sehen kann – ein untrügliches Zeichen für eine im Anmarsch befindliche seismische Welle. Doch das wissen die Menschen damals noch nicht. Sie sind aus der Stadt zu den Ufern des Tejo geflohen, in dem Glauben, der gerade neu erbaute Kai aus Marmor böte ihnen Sicherheit. Sie retten sich in die in der Bucht ankernden Boote, ohne zu ahnen, dass dies ihr sicheres Ende bedeutet.

Etwa 45 Minuten nach dem Beben bricht mit gewaltiger Kraft eine 15 bis 18 Meter hohe Flutwelle herein und reißt alles mit sich. Zwei weitere folgen kurz darauf nach und überschwemmen Kai, Hafen und die Unterstadt. Überall an den Küsten Portugals verursachen die Tsunamis schwere Schäden. An der Algarve sind sie am größten. Die Küstenstädte werden überflutet, nur das von Sandbänken geschützte Faro hält stand. Eine zehn Meter hohe Flutwelle erreicht Spanien und überflutet den Hafen von Cádiz. Vier Stunden nach dem Erdbeben treffen die Tsunamis auf die Küsten Frankreichs, Englands, Irlands und Hollands. Auch in Marokko, Algerien und auf Madeira und den Azoren richten sie Zerstörungen an. Sie werden sogar noch auf den Kleinen Antillen, auf der anderen Seite des Atlantiks, wahrgenommen.

Über Lissabon verdunkelt unterdessen eine riesige Staubwolke den Himmel. Überall brechen jetzt Brände aus. Brennende Öllampen und umgeworfene Kochstellen entfachen einen gewaltigen Feuersturm. Er wütet drei Tage lang und zerstört alles, was bisher noch heil geblieben ist. Ganz Lissabon fällt in Schutt und Asche. Viele wertvolle Kunstwerke und geschichtsträchtige Bauwerke, zum Teil noch aus der Zeit der maurischen Herrschaft, werden ein Raub der Flammen. Zwei Nonnenklöster und das Opernhaus sind ebenso verloren wie der königliche Palast und seine Bibliothek mit den von portugiesischen Seefahrern über Jahrhunderte erstellten einmaligen Weltkarten und den 18 000 unersetzbaren Büchern, darunter ein von

Kaiser Karl V. eigenhändig verfasstes Werk. Im Palast des Marquês de Louriçal verbrennen über 200 kostbare Bilder von Correggio, Rubens und Tizian, und im Dominikanerkloster verglühen reich illustrierte mittelalterliche Handschriften von unschätzbarem Wert. Ein großer Teil von Portugals kulturellem Erbe ist für immer verloren.

Wie viele Menschen an diesem 1. November 1755 unter den Trümmern, im Feuer oder im Wasser umkamen, ist nie ganz geklärt worden. Die Schätzungen schwanken zwischen 50 000 und 100 000 Toten. Wahrscheinlich starben allein in Lissabon 60 000 Menschen. Die Erschütterungen des Bebens sind in ganz Europa zu spüren. Die Kraft der Erdstöße ist so stark, dass in Luxemburg, 1700 Kilometer von Lissabon entfernt, eine Kaserne einstürzt und 500 Soldaten unter sich begräbt. Auch in Finnland und in Afrika spürt man das Beben. Im englischen Derbyshire öffnen sich Spalten im Boden, von den Häuserwänden fällt der Putz. In Skandinavien und der Schweiz treten Flüsse und Seen über die Ufer. Kein Geringerer als Immanuel Kant aus Königsberg bemerkt in seinen »Gesammelten Schriften«, dass auch im deutschen Glückstadt »leichte Bebungen« auftraten und dass in der Mark Brandenburg der See bei Templin »in wallende Bewegung geraten« sei, »die weit ungestümer und unordentlicher war als bei einem Sturme, und die Luft war zugleich stille«.

Der Untergang Lissabons ist bald in ganz Europa Gesprächsthema. Der Schock sitzt überall tief, und eine Frage bewegt die Gemüter: »Wie kann Gott so etwas zulassen?« Gott findet sich bei den aufgeklärten Menschen des 18. Jahrhunderts auf der Anklagebank der Geschichte wieder. Und die »Theodizee«, das Problem der Rechtfertigung Gottes angesichts des Übels in der Welt, über das der große deutsche Philosoph Gottfried Wilhelm Leibniz schon im Jahre 1710 geschrieben hat, wird erneut heftig diskutiert. Das von Leibniz geprägte Wort leitet sich ab von der Kombination der griechischen Substantive »théos« (Gott) und »diké« (Gerechtigkeit). Kann ein Gott, der eine derartige Katastrophe zulässt – noch dazu an einem ihm geweihten kirchlichen Feiertag –, überhaupt gut und liebend sein? Ist die grausame Natur stärker als Gott? Leibniz hat 1710 in seiner »Theodizee« auf diese Fragen mit der optimistischen These von der »besten aller möglichen Welten« geantwortet: Gott habe aus einer unendlichen Anzahl möglicher Welten nur eine geschaffen, nämlich die vollkommenste, in der das Übel den kleinsten Raum hat.

Der französische Philosoph Voltaire, das Haupt der französischen Aufklärung, fragt nach der Katastrophe von Lissabon in seiner beißenden Satire »Candide« spöttisch: »Wenn dies die beste aller möglichen Welten ist, wie müssen dann erst die anderen sein?« Voltaire soll angesichts dieses kaum fassbaren Unglücks seinen Glauben verloren haben. Tief erschüttert verfasst er in Genf ein Gedicht über den Untergang von Lissabon (»Poème sur le désastre de Lisbonne«): »Du ewiges Geschehen nutzloser Katastrophen! Ihr ruft: ›Alles ist gut!‹ Getäuschte Philosophen, kommt her und schaut euch an; entsetzliche Ruinen, die Scherben und der Schutt, von Asche die Lawinen, und Schicht auf Schicht gehäuft die Kinder und die Frauen, zerstreuter Gliederstaub, vom Marmorstein zerhauen.« Der deutsche Komponist Georg Philipp Telemann schreibt nach der Katastrophe das Oratorium »Tag des Gerichts«. Und die katholische Kirche reagiert auf das Unglück mit der hilflosen und stereotypen Erklärung, es sei die göttliche Strafe für die in ewiger Sünde lebenden Menschen. Eine Botschaft, die kaum noch ankommt: Das Selbstverständnis der aufgeklärten und auf Fortschritt und Wohlstand ausgerichteten Menschen ist tief getroffen. Die schreckliche Katastrophe wirkt auf sie wie eine kalte Dusche. Man spricht nicht mehr von Sünde und Schuld, sondern von Risiko und Seismologie.

Auch Johann Wolfgang von Goethe ist von dieser Katastrophe tief betroffen. In seiner Autobiografie »Dichtung und Wahrheit« bekennt er im Ersten Teil des Ersten Buches, dass dieses »außerordentliche Weltereignis die Gemütsruhe des Knaben zum ersten Mal im Tiefsten erschüttert« habe. Gott, der ihm im ersten Glaubensartikel als weise und gnädig erklärt werde, habe sich keinesfalls väterlich erwiesen. »60 000 Menschen, einen Augenblick zuvor noch ruhig und behaglich, gehen miteinander zugrunde, und der Glücklichste darunter ist der zu nennen, dem keine Empfindung, keine Besinnung über das Unglück mehr gestattet ist … Ja, vielleicht hat der Dämon des Schreckens zu keiner Zeit so schnell und so mächtig seine Schauer über die Erde verbreitet.«

Die Lava des Laki

Island, Juni 1783 bis Februar 1784

Wer Landschaftsbilder von Island betrachtet und den am dünnsten besiedelten Staat Europas mit der nördlichsten Hauptstadt der Welt (Reykjavík) noch nie selbst besucht und mit eigenen Augen gesehen hat, könnte den Eindruck gewinnen, diese kleine, nur knapp 103 000 Quadratkilometer große Insel an der Grenze zum Polarkreis sei ein äußerst friedliches Land. Doch dem ist nicht so. Die vielen Geysire und warmen Quellen zeigen es schon an: Die Insel mit dem feuchten und kühlen Klima und den großen Gletschern zählt zu den Gebieten mit dem weltweit höchsten Grad an vulkanischer Aktivität. Island ist ein brodelndes Pulverfass. Während der letzten 1100 Jahre ereignete sich dort im Durchschnitt alle fünf Jahre eine Vulkaneruption.

Zwischen Juni 1783 und Februar 1784 kommt es auf dem 25 Kilometer langen, von über 100 Kratern übersäten Vulkangürtel von Laki zum größten Lavaausbruch historischer Zeit. Die Katastrophe kündigt sich vorher an: Der Meeresboden bebt; riesige Wasserfontänen wühlen das Meer auf. Es beginnt buchstäblich zu dampfen. Die 50 000 Inselbewohner, vorwiegend Bauern, sind gewarnt. Sie verschanzen sich eiligst in ihren Häusern und nageln sämtliche Türen und Fenster zu. Wenige Tage später, am 8. Juni, explodiert nahe dem Lakagigar, einem der größten Krater der Insel, der Vulkan Skaptar-Jökull und reißt unter gewaltigem Dröhnen die Laki-Spalte auf. Der größte Lavastrom in historischer Zeit schießt aus der Tiefe, bedeckt 125 Quadratkilometer Land, begräbt einige Dörfer unter sich und wälzt sich unaufhaltsam auf das Meer zu. Die austretende Lava hat ein größeres Volumen als das Massiv des Montblanc. Nahezu ganz Island wird mit riesigen Mengen feiner Asche und giftiger Gase überschüttet. Diese enthalten hauptsächlich Chlor- und Fluorwasserstoff sowie Schwefel und Kohlendioxid. Zwischen 10 000 und 20 000 Menschen, fast ein Drittel der damaligen Inselbevölkerung, ersticken an den giftigen Dämpfen oder verbrennen in der glühenden Lava. Der Pfarrer Jón Steingrímsson ist Augenzeuge der Katastrophe. Er wurde bekannt wegen seiner »Feuerpredigt«: Als er seine Gemeinde in der Kirche versammelt hat, fleht er Gott an, die Lava des Laki aufzuhalten und den Ort zu verschonen. Und tatsächlich: Der Lavastrom macht kurz vor der Kirche halt, ändert seine Richtung und nimmt seinen weiteren Lauf durch das Flussbett des Skaftá. In seinen Tagebuchaufzeichnungen hält Jón Steingrímsson fest: »Der faule Geschmack der Luft, bitter wie Seetang und nach Fäulnis stinkend, war tagelang so intensiv, dass die Menschen kaum atmen konnten. Außerdem drang das Sonnenlicht nicht mehr durch. Alles war von Dunst eingehüllt.« Äcker und Weideland werden zerstört, Tausende Kühe und Schafe verenden, die Fische sterben im Meer. Der beißende Verwesungsgeruch der Tierkadaver, die überall herumliegen, verpestet die Luft. Das Trinkwasser ist vergiftet. Die Menschen, die die Katastrophe überlebt haben, verhungern in den Wochen und Monaten danach.

Über Nordeuropa verfinstert sich der Himmel, weil die Sonne den dichten Dunst nicht mehr durchdringen kann. Die bläuliche Gaswolke breitet sich über die gesamte Nordhalbkugel der Erde aus. Nach heutigen Schätzungen starben 1783/84 in Frankreich und England weitere 16 000 bis 20 000 Menschen an den Luftverschmutzungen und extremen Temperaturschwankungen. Der Winter 1783/84 ist in Nordeuropa und Nordamerika, wo gerade der achtjährige Freiheitskrieg der amerikanischen Kolonien zu Ende gegangen ist, ungewöhnlich hart und kalt. Allein in Frankreich und England erhöht sich die Sterblichkeitsrate um 25 Prozent. Auch in Preußen sind die Auswirkungen der Katastrophe zu spüren. Friedrich der Große erlebt sie noch mit, er stirbt erst drei Jahre später.

Island liegt direkt in der mittelatlantischen Spalte, die sich vom Nordpol bis zur Antarktis erstreckt. Deshalb wird hier immer wieder die Erdkruste aufbrechen, und heiße Lava wird aus dem Erdinneren aufsteigen und ins Meer fließen. Eines Tages wird Island sich zu einem neuen mittelatlantischen Kontinent verbreitert haben. Isländische Vulkanologen und Klimaforscher sagen voraus, dass sich im

21. Jahrhundert auf Island eine weitere verheerende Vulkankatastrophe ereignen wird. Diese könnte sogar eine kleine Eiszeit in Europa auslösen. Wegen der giftigen Asche- und Gaswolken werden dann in Nordeuropa Flugzeuge monatelang nicht starten, weil andernfalls die Triebwerke lahmgelegt werden würden. Der gesamte Flugverkehr Europas und Nordamerikas käme zum Erliegen. Fachleute warnen vor diesen Gefahren und fordern die Länder der Nordhalbkugel dringend auf, sich über die Not- und Hilfsmaßnahmen zu einigen, die im Falle eines erneuten gigantischen Vulkanausbruchs auf Island erforderlich wären. Hunderte Millionen Menschen wären ihm derzeit schutzlos ausgeliefert.

Im August und September 2014 gibt es ernste Anzeichen dafür, dass eine solche Vulkan-Megakatastrophe unmittelbar bevorsteht. Der 2009 Meter hohe Bárðarbunga, dessen Caldera unter dem gewaltigen Gletscher Vatnajökull liegt, spuckt ununterbrochen riesige Lavamengen aus. Der ganze Nordosten Islands wird von giftigem Schwefeldioxid bedeckt. Es blubbert und brodelt bedrohlich, doch der große Knall bleibt aus. Wir sind noch einmal davongekommen.

Der »Schneesommer«

Die Eruption des Tambora, Indonesien, 5.–12. April 1815

Schlägt man heute einen Weltatlas auf, so findet man etwa in der Mitte der östlich von Java verlaufenden Inselkette die Insel Sumbawa. In ihrem nördlichen Zipfel ist der Berg Tambora mit einer Höhe von 2850 Metern eingezeichnet. In 200 Jahre alten Landkarten wird seine Höhe hingegen noch mit 4000 Metern angegeben. Wie kommt es zu diesem Unterschied? Wo sind die Gesteinsmassen geblieben? – Der majestätische Berg ist explodiert. Der Tambora ist, auch heute noch, ein sehr aktiver Vulkan. Bei seinem Ausbruch im April 1815 werden rund 1,7 Millionen Tonnen Auswurfmaterial in die Atmosphäre geschleudert. Es ist die größte Eruption, über die es genaue Aufzeichnungen gibt. Aus den letzten 10 000 Jahren sind nur vier Vulkanausbrüche von etwa gleicher Größe bekannt, unter anderem jener von Santorin in Griechenland in vorchristlicher Zeit.

Das Drama beginnt am Abend des 5. April 1815. Tief im Inneren des Tambora-Kraters kommt es zu mehreren kleinen Explosionen. Sie sind noch im Hunderte Kilometer weit entfernten Batavia (heute Jakarta), der Hauptstadt Javas, zu hören. Der Vizegouverneur Javas, Sir Stamford Raffles, glaubt, es handle sich um den Kanonendonner rebellischer Schiffe, die einen britischen Außenposten angegriffen hätten. Er sendet Schiffe mit Truppen aus, um nach Überlebenden zu suchen. Erst Ende des Monats findet Raffles einen überlebenden Ureinwohner aus Sumbawa, dessen Augenzeugenbericht er niederschreibt.

Schon einen Tag nach den ersten Eruptionen fällt im Umkreis von 650 Kilometern ein heftiger Regen von Asche und Bimsstein auf das Weideland und die Weingärten, die den Tambora umgeben. Aus seinem Krater schießen gewaltige Gesteinsbrocken und rot

95

glühende Aschestücke in den Himmel. Sie drücken fast alle Häuser auf Sumbawa und der benachbarten Insel Bima nieder und zerstören sie. Im Wasser treiben Tausende Bimssteingebilde, die von so vielen Gasbläschen durchzogen sind, dass sie nicht untergehen. Auch die 160 Kilometer entfernte Insel Tombock versinkt fast einen Meter tief in den Asche- und Schlammmassen. Sämtliche Pflanzen sterben. Dadurch kommt es in den folgenden Wochen und Monaten zu Hungersnöten und Choleraepidemien, die allein auf Tombock rund 37 000 Opfer fordern. Kapitän Raffles schätzt in seinen Aufzeichnungen, würde man die ausgespiene Asche zusammentragen, so ergäben sich wohl drei Berge, jeder so groß wie der Montblanc.

In den nächsten Tagen nehmen die Explosionen an Heftigkeit zu. Der überlebende Augenzeuge schildert später, wie am Abend des 10. April gegen 22 Uhr unter lautem Getöse plötzlich drei riesige Feuersäulen aus dem Gipfel hervorbrechen. Sie steigen weit hinauf in den Himmel und vereinen sich dort. Der ganze Berg ist ein Gebilde aus flüssigem Feuer, das sich in alle Richtungen ausbreitet. »Diesmal fielen große Steine«, berichtet der Augenzeuge. »Manche waren zwei Faust groß, die meisten jedoch waren nicht größer als eine Walnuss.« Dann folgt ein außergewöhnliches Naturereignis: Ganz plötzlich und mit Urgewalt entsteht ein gigantischer Wirbelsturm. Er walzt alles nieder und entwurzelt selbst die kräftigsten Bäume. Häuser, Vieh und Menschen werden in die Luft geschleudert. Auf dem Meer bildet sich eine neun Meter hohe Flutwelle, die über die benachbarten Inseln hereinbricht und alles verwüstet.

In einer gigantischen Detonation explodiert der ganze Berg. Seine Hänge lösen sich, die Spitze wird komplett weggesprengt. Die freigesetzte Energie entspricht der von 170 000 Hiroshimabomben. Die Druckwellen sind noch in 1500 Kilometern Entfernung spürbar. Es entsteht ein fast 1000 Meter tiefes Loch mit einem Durchmesser von rund sechs Kilometern – der tiefste Vulkankrater auf unserer Erde. Über 100 000 Kubikmeter vulkanisches Material werden in die Atmosphäre geschleudert, die größte Menge seit Menschengedenken. Beim Ausbruch des Vesuv im Jahre 79 n. Chr. waren es »nur« etwa 6000 Kubikmeter.

Eine riesige Aschewolke erhebt sich in den Himmel und verdunkelt die Sonne in einem Umkreis von 600 Kilometern. Drei Tage lang herrscht Dunkelheit, »schwärzer als die schwärzeste Nacht«. Die bis weit in die Stratosphäre hinaufgeblasenen Staubpartikel werden von den Luftströmungen über den ganzen Erdball verteilt. Sie reflektieren die Sonnenstrahlen so stark, dass sie der Erde Wärme entziehen und jene spektakulären, orange leuchtenden Sonnenuntergänge aus der Umgegend von Surabaya bewirken, die der englische Maler William Turner in seinen Bildern für die Nachwelt festgehalten hat. In Europa und den USA kommt es zu dramatischen Temperaturstürzen. Auch über die Felder bei Waterloo, wo Napoleon Bonaparte Mitte Juni 1815 die entscheidende Schlacht gegen die Engländer und Preußen verliert, weht bei für die Jahreszeit ungewöhnlich niedrigen Temperaturen ein kalter Wind.

In einigen europäischen Ländern gefriert mitten im Juli in klirrendem Frost die im Freien aufgehängte Wäsche, und die Menschen tragen Wintermäntel. In Mitteleuropa schneit es fast jede Woche bis hinunter in die Täler. Die Herbstkartoffeln müssen aus dem Schnee ausgegraben werden. Der Sommer geht als »Schneesommer« in die Geschichte ein; es ist der kälteste Sommer, seit es Wetteraufzeichnungen gibt. Die extremen Klimaveränderungen auf der nördlichen Halbkugel führen zu Missernten und Hungersnöten. In Frankreich und England kommt es deshalb zu Volksaufständen. In der Schweiz muss der Notstand ausgerufen werden. Die Tambora-Katastrophe fordert mindestens 120 000 Todesopfer. Die Schätzungen in den verschiedenen Quellen schwanken sehr, was wohl auch darauf zurückzuführen ist, dass im unmittelbaren Katastrophengebiet bis heute kaum Leichen geborgen wurden. Sie sind, ähnlich wie über Jahrtausende in Pompeji, unter meterhohen Ascheschichten begraben.

Der lauteste Knall der Geschichte

Die Explosion des Krakatau am 27. August 1883

In der Sundastraße zwischen Java und Sumatra liegt die kleine, nur 47 Quadratkilometer umfassende Insel Krakatau mit dem gleichnamigen Vulkan. Sie ist nicht einmal so groß wie die Insel Manhattan in New York. Und sie ist unbewohnt und wenig einladend. Die Menschen bleiben ihr fern. Denn Krakatau ist das Überbleibsel eines alten Vulkans, der in vorgeschichtlicher Zeit explodierte. Davon zeugt die gewaltige Caldera mit der Inselkette, die entlang der Südostküste Javas verläuft und die einmal Teil des riesigen Vulkans gewesen ist. Die vulkanischen Erhebungen von Perboewatan, Danan und Rakata sind ein Teil dieses Kraterrandes.

Die Vulkane schlummern über Jahrtausende vor sich hin – bis zum Jahr 1680. Da rührt sich der Perboewatan und schleudert vulkanisches Glas in die Luft. Dann kehrt wieder Ruhe ein. Dennoch siedeln die Menschen nicht auf der Insel Krakatau, sie fürchten sich vor dem Berg – mit Recht, denn am 20. Mai 1883 erwacht er zu neuem Leben. Es rumort in seinem Innern, die Explosionen sind jedoch zunächst nur gering. Dafür ist die gewaltige Dampfsäule, die dröhnend aus einer 30 Meter breiten Öffnung nahe dem Krater emporsteigt, umso furchterregender. Der Berg beruhigt sich wieder. Erst am 19. Juni beginnen die kleinen Explosionen erneut. Bis zum 11. August 1883 ist die ganze Insel mit einer einen halben Meter hohen Staubschicht bedeckt. Nun sind es schon drei Gassäulen, die in den Himmel ragen. Die Erde erzittert ständig, so, als wolle sie die große Katastrophe ankündigen.

Am 26. August 1883 werden die Explosionen im Innern des Krakatau heftiger. Auf den umliegenden Inseln klirren die Fensterscheiben in den Häusern. Um 14 Uhr steigt über dem Vulkan eine riesige schwarze Wolke 30 Kilometer hoch in den Himmel. Zickzackförmige Blitze zucken, über dem Berg kräuseln sich leuchtende Schlangen. Eine riesige Magmakammer öffnet sich zum Meer hin. Durch die Spalten strömt Wasser in den Vulkan und trifft auf das geschmolzene Gestein, sodass sich ein hoher Dampfdruck aufbaut. Auch in den Nachbarvulkanen beginnt es zu brodeln. Nachmittags, um 17 Uhr, sind die Explosionen im Krakatau bereits so heftig, dass sich eine erste Flutwelle bildet. Sie trifft die Nachbarinseln und überrollt viele Fischerdörfer. Die an den Stränden liegenden Boote werden aufs Meer hinausgerissen, die ersten Toten sind zu beklagen. Die Eruptionen halten die ganze Nacht über an. Sie sind inzwischen so stark, dass die 200 Kilometer entfernt auf Java und Batavia lebenden Menschen durch die Erschütterungen aus dem Schlaf gerissen werden.

Am Morgen des 27. August stürzt die Nordwand des Krakatau ein. Erneut treffen mächtige Flutwellen die Nachbarinseln. Der Höhepunkt folgt um 10 Uhr: Mit einem ohrenbetäubenden Knall fliegt der 800 Meter hohe Krakatau und mit ihm beinahe die ganze Insel in die Luft. Es ist der lauteste Knall, den man in der Geschichte der Menschheit je gehört hat. Die Explosion ist noch fast 5000 Kilometer entfernt zu vernehmen. Sie hat die 10 000-fache Kraft der Hiroshima-Atombombe und ist mindestens 25-mal so stark wie heutige Wasserstoffbomben. Mit der Geschwindigkeit des Schalls erreicht der Knall nach zwei Stunden Australien und Thailand. In Westaustralien werden ganze Herden grasender Schafe durch den Lärm in Panik versetzt. Nach vier Stunden ist er auch auf der 4800 Kilometer westlich von Krakatau gelegenen Insel Rodriguez im Indischen Ozean noch zu hören. Die Explosion ist so stark, dass ihre Druckwellen den ganzen Erdball sieben Mal umkreisen.

18 Kubikkilometer Gestein werden bis in eine Höhe von 80 Kilometern emporgeschleudert. Die meisten Brocken sind so groß wie Häuser. Gleichzeitig fallen die felsigen Überreste der Vulkangipfel des Perboewatan, des Danan und des Rakata in sich zusammen und versinken brodelnd im Meer. Ein holländischer Wissenschaftler, der von seiner Regierung nach Java beordert worden ist, um seismische Forschungen zu betreiben, schildert als Augenzeuge von der Westküste Javas aus den Anblick, der sich ihm bietet: »Von jenseits der Sundastraße her schien sich eine Flammenkette in Richtung der

Inseln hin auszudehnen. Die Erdkruste unter der Bucht hatte sich gespalten, und es schien, als ob alle Höllenfeuer der Welt durch die Wasseroberfläche hervorbrechen würden.«

In einem Bereich von 800 000 Quadratkilometern geht Vulkanasche nieder. Sie verfinstert für drei Tage den Himmel, dringt bis in die Stratosphäre vor und verteilt sich dann über die ganze Erde. Noch Jahre später sorgt sie für fantastische Sonnenuntergänge. In einigen östlichen Teilen der Erde unweit des schrecklichen Geschehens leuchtet die Sonne monatelang blau, und der Mond erglänzt in einem lebendigen Grün. Selbst in 400 Kilometern Entfernung wird der Tag zur Nacht. Die Dunkelheit hält sich tagelang. Danach verwandelt sich der Himmel in ein glühendes Rot.

Der englische Seemann R.J. Dalby wird auf einem schnellen Liverpooler Segelschiff ebenfalls Augenzeuge der Katastrophe:»Das bereits laute Grollen wurde immer lauter, und plötzlich schien es uns von allen Seiten zu umgeben. Die Windböen entwickelten sich zu einem derart heftigen Orkan, wie ihn noch keiner der Männer an Bord je zuvor miterlebt hatte ... Das Dröhnen war ohrenbetäubend ... Gegen Mittag fing es an, eine Art schwefligen, grobkörnigen Staub zu regnen ... Zu jenem Zeitpunkt konnte man gerade einmal einen Meter weit sehen ... Die anderen waren kaum wiederzuerkennen und schauten aus wie graue Gegenstände, die sich in der Dunkelheit bewegten.«

Die tödlichste Auswirkung zeigt sich etwa eine halbe Stunde nach der Explosion: Es bildet sich eine riesige Flutwelle, die auf die Küsten Javas und Sumatras zurast. In den engen Buchten und Hafenbecken erreicht der Tsunami Höhen von bis zu 36 Metern. Er verwüstet 259 Ortschaften und tötet 36 000 Menschen. Einige Quellen sprechen sogar von 80 000 Flutopfern. Der holländische Schiffsingenieur van Sandwijk überlebt den Tsunami in der Stadt Telok Betong und schildert ihn als Augenzeuge so:»Die monströse Welle stürzte wie ein hoher Berg auf die Küste zu. Gleich darauf tauchten drei weitere riesige Wellen auf, und vor unseren Augen überspülten diese furchterregenden Meereserhebungen binnen Sekunden die Stadt und führten ihren Untergang herbei. Der Leuchtturm fiel als Ganzes um, und sämtliche Häuser der Stadt wurden mit einem Mal weggeschwemmt, gerade so, als würde man ein Kartenhaus zusammenfallen lassen. Alles war zerstört.«

Ganze Inseln verschwinden mit ihren Bewohnern im Meer. In Anjer und Batavia werden 2800 Menschen aufs Meer hinausgespült, in Bantam ertrinken 1500. Auf der ursprünglich 45 Meter über dem Meeresspiegel gelegenen Insel Merak überleben von den 2500 Arbeitern in einem Steinbruch nur zwei Einheimische. Das vor Sumatra liegende niederländische Kriegsschiff »Berouw« wird ebenfalls von dem Tsunami mitgerissen und zwei Kilometer landeinwärts katapultiert. Dort bleibt es in einem Wald neun Meter über dem Meeresspiegel liegen. Ausläufer der gewaltigen Flutwellen zerreißen sogar noch die Ankerketten von Schiffen, die in Chile – auf der anderen Seite der Erde – festgemacht haben.

Jene Inselbewohner, die den Fluten entkommen können, werden von den Millionen Tonnen glutflüssigen Gesteins erschlagen. Die Stadt Tamarang geht durch die Lava in Flammen auf, und 1800 Menschen verbrennen mit. An den Küsten Javas und Sumatras bleibt von der üppigen Vegetation nur Ödland übrig. Von der Insel Krakatau sind zwei Drittel verschwunden. Da, wo sich vorher Erhöhungen von einigen Hundert Metern befanden, klafft nun ein großes Loch bis zu 270 Meter tief. Alles Leben auf dem übrig gebliebenen, nur noch rund 15 Quadratkilometer großen Rest des Eilands ist ausgelöscht.

Die Explosion des Krakatau ist eine der zerstörerischsten und tödlichsten Katastrophen der Geschichte. Insgesamt finden etwa 200 000 Menschen den Tod. Wäre die Eruption in unseren Tagen erfolgt, wären die Gebiete noch dichter besiedelt gewesen, und es hätte wahrscheinlich noch mehr Tote gegeben. Die Krakatau-Katastrophe erinnert an das große Erdbeben mit nachfolgender Flutwelle Ende Dezember 2004 in Südostasien, wo über 300 000 Menschen ums Leben gekommen sind. Sowohl in der geografischen Nähe als auch in der Zahl der Opfer gibt es zwischen den beiden Katastrophen beklemmende Übereinstimmungen.

Chaos in San Francisco

Das schwere Erdbeben vom 16. April 1906

Die Geologen nennen sie die »San-Andreas-Verwerfung«. Über 1200 Kilometer zieht sie sich durch ganz Kalifornien. Sie ist die Nahtstelle, an der zwei tektonische Platten der Erdkruste zusammenstoßen: die Amerikanische und die Pazifische Platte. Deren ruckartige Verschiebungen lösen immer wieder heftige Erdbeben aus. Während der letzten 200 Jahre ist das hier etwa alle zehn Jahre geschehen. Wie kann man mitten in einem der gefährlichsten Gebiete der Welt eine große Stadt bauen? Als San Francisco 1776 gegründet wird, weiß man nichts von dieser Gefahr. Erst als 1838 und 1868 zwei Beben ganz in der Nähe die Erde erschüttern, wird man sich ihrer bewusst. Doch da leben schon mehrere Hunderttausend Einwohner in der aufstrebenden, boomenden Stadt, meistens in wackligen, auf sandigem Boden errichteten Holzhäusern oder Backsteingebäuden. Es gibt keinen einheitlichen Bauplan, man baut willkürlich und durcheinander. In der Market Street stehen einige große Bürogebäude und Hotels, in Nob Hill luxuriöse Villen, im Barbary-Viertel an der Küste schräge Vergnügungsetablissements. Und in Chinatown wohnen Menschen in unterirdischen Katakomben. 1906 zählt San Francisco bereits zwischen 400 000 und 500 000 Einwohner.

Der 16. April 1906 ist ein Mittwoch. Exakt um 5.13 Uhr in der Früh erbebt 40 Sekunden lang die Erde auf einer Länge von 470 Kilometern, von Oregon im Norden bis hinunter nach Los Angeles im Süden. Nach einer kurzen Pause folgt ein zweiter, noch heftigerer Erdstoß nach. Er dauert 75 Sekunden. Das Beben ist nur kurz, aber von enormer Kraft. Es erreicht nach damaligen Messungen eine Stärke von 8,3 auf der Richterskala (später wurde es heruntergestuft auf 7,8). Binnen Sekunden stürzen ganze Gebäudekomplexe ein. In der Erde öffnen sich Spalten und reißen Menschen und Fahrzeuge in die Tiefe. Wasserleitungen bersten, vor allem die Hauptwasserrohre. In den Häusern fallen Feuerstellen, Herde und nicht ausgeschaltete Heizöfen um und verursachen zusammen mit dem aus den geplatzten Leitungen ausströmenden Gas Dutzende von kleinen Bränden. Bald vereinigen sich 52 Feuer unter dem Einfluss des aufkommenden Windes zu einer einzigen großen Feuersbrunst. Die 38 von Pferden gezogenen Löschzüge der Feuerwehr sind vollkommen machtlos. Als einzige Wasserquelle bleibt die Bucht von San Francisco. Die Häuser falten sich zusammen wie Ziehharmonikas. In dem im Missionsdistrikt gelegenen Hotel Valencia sterben alle Gäste. Auch die meisten anderen großen Hotels kippen um wie Dominosteine. Am Abend zuvor hat Enrico Caruso im Opernhaus in der Premierenvorstellung von »Carmen« gesungen. Am nächsten Morgen liegt er im luxuriösen Palace Hotel im Bett und wird durch die Erschütterungen aus dem Schlaf gerissen. Er entgeht dem Tod nur knapp. Der Bau des als unzerstörbar geltenden Rathauses hat sechs Millionen Dollar gekostet. Nun liegt es in Schutt und Asche. Seine Säulen fallen nach außen auf die Straßen und erschlagen alles, was in der Nähe weilt. Die Turmspitzen zahlreicher Kirchen sausen wie Speere auf die Menschen nieder, die hysterisch und in panischer Angst durch die Straßen rennen.

Der Augenzeuge Sam Wolfe überlebt und schildert das schreckliche Geschehen so: »Die Straßen bewegten sich wie die Wellen des Wassers. Auf meinem Weg entlang der Market Street erlebte ich, wie ganz in meiner Nähe die gesamte Front eines Gebäudes einstürzte und mich in Staub hüllte. Nachdem sich die Staubwolke gelichtet hatte, sah ich, wie man die ersten Toten wegschaffte. Sie waren in einem Automobil aufgeschichtet, gerade so wie Tierkadaver in einem Metzgerwagen. Überall Blut, zerquetschte Schädel, gebrochene Gliedmaßen und blutverschmierte Gesichter.«

Als das Feuer außer Kontrolle gerät, werden die Armee, die Nationalgarde und 600 Studenten aus der Universität Berkeley zu Hilfe gerufen – aber nicht, um zu löschen, sondern um möglichst viele Menschen aus dem Feuermeer zu retten. Man sprengt Gebäude mit Dynamit, um für das Feuer unüberwindbare Schneisen zu schaffen. Doch statt zusammenzufallen, explodieren die Häuser und entfachen neue Brandherde. Nach einer dieser Aktionen steht ganz Chinatown

103

in Flammen. Auf diese Weise kommen zahlreiche Opiumhöhlen ans Licht, und aus den Katakomben tauchen auch pestinfizierte Ratten auf, die vom Feuer gezwungen werden, ihre Verstecke zu verlassen und nun die Straßen bevölkern. Die Folge: 150 Menschen erkranken in den folgenden Monaten an der Pest.

Halb San Francisco geht in Flammen auf. In einer geschlossenen Anstalt für geistig Behinderte verbrennen 270 Patienten in ihren verriegelten Räumen. Und in Telegraph Hill versuchen italienische Bewohner, die Brände mit 1000 Gallonen Wein aus ihren Weinkellern zu löschen. In der Stadt herrscht Chaos, der Ausnahmezustand wird verhängt. Obdachlose Plünderer brechen in Bars, Lokale und Geschäfte ein und schlagen sich die Bäuche voll. In den Banken werden Safes aufgebrochen und leergeräumt. Ein Haufen Räuber versucht, auch das Münzamt zu plündern und sich die dort lagernden Gold- und Silbervorräte sowie 39 Millionen Dollar anzueignen. Polizisten und Soldaten können das nur verhindern, indem sie 34 Plünderer erschießen. In den Straßen werden Gesetzesbrecher an Ort und Stelle hingerichtet. Wucherer verlangen für ein Brot plötzlich einen Dollar und für ein Glas Wasser 50 Cent. Wenn eine Familie ihre Habseligkeiten mit einem Taxi retten will, muss sie 1200 Dollar zahlen.

Die Versorgung der Stadt bricht zusammen. Soldaten öffnen gewaltsam Warenhäuser und verteilen Nahrungsmittel an die hungernde Bevölkerung. Über 75 000 Menschen fliehen mit Fähren nach Oakland hinüber. Das Feuer wütet drei Tage lang. Am Samstag, dem 19. April, fängt es an zu regnen, so als wolle Gott sich erbarmen. Der Brand erlischt von selbst. Erst jetzt zeigt sich das ganze Ausmaß der Katastrophe: Ein Stadtgebiet von zehn Quadratkilometern ist buchstäblich dem Erdboden gleichgemacht worden. Rund 700 Menschen sind tot, und 250 000 werden obdachlos. Der Sachschaden beträgt eine halbe Milliarde Dollar. Doch es gibt auch Schätzungen, die von über 3000 Toten ausgehen. 28 000 Gebäude sind zerstört. Selbst Häuser mit massiven Steinmauern erwiesen sich als instabil. Für die Obdachlosen werden im Golden Gate Park und auf anderen Freiflächen Zelte aufgestellt.

Nach der Katastrophe ist man zunächst einhellig der Meinung, dass es Wahnsinn wäre, diese Stadt wieder aufzubauen. Denn neue Erdbeben in der Bruchzone werden mit Sicherheit folgen. Doch es dauert nicht einmal drei Jahre, bis das Zentrum von San Francisco wieder völlig neu errichtet ist. Neue Straßen, Brücken und Gebäude sind entstanden, weitgehend erdbeben- und feuersicher gebaut. Genutzt hat das wenig: Am 17. Oktober 1989 bebt die Erde um San Francisco erneut. 74 Todesopfer und 3700 Verletzte sind zu beklagen, der materielle Schaden beläuft sich auf sieben Milliarden Dollar. Am 17. Januar 1994 fordert das Northridge-Beben nördlich von Los Angeles 60 Tote und 15 000 Obdachlose. Der Schaden beträgt 20 Milliarden Dollar.

Die modernen Häuser unserer Tage sind käfigähnliche Gebäude um einen starken Mittelkern, seitlich versteift mit erschütterungsfesten Stahlbetonwänden und Kreuzstreben an den Außenwänden. Die flexiblen Stahlkonstruktionen der Hochhäuser sollen Horizontal- und Vertikalbewegungen ausweichen. Sie dürfen sich gegenseitig nicht mehr berühren, damit sie Freiraum zum Schwingen haben. Doch einen totalen Schutz gegen Erdbeben gibt es nicht. San Francisco sitzt weiterhin auf einer tickenden Zeitbombe. Man rechnet mit weiteren schweren Beben in den kommenden Jahren. Denn die Erdplatten im kalifornischen Raum sind in ständiger Bewegung: Los Angeles driftet mit einer Geschwindigkeit von zwei Zentimetern pro Jahr nach Norden. Eines Tages wird es ein Vorort von San Francisco sein.

Italienische Apokalypse

Messina, 28. Dezember 1908

Italien hat seit der Antike viele Naturkatastrophen erlebt, darunter zahlreiche Erdbeben und Vulkanausbrüche. Die schlimmste Katastrophe geschieht aber am 28. Dezember 1908 in der Straße von Messina. Diese nur 3,3 Kilometer breite Wasserstraße zwischen dem italienischen Festland und Sizilien ist das erdbebenträchtigste Gebiet Europas. Bereits in vorchristlicher Zeit gilt die Straße von Messina als unheimlicher Ort der Gefahren und des Unheils. Ihre starke Strömung ist schon seit den Tagen Homers bekannt. Er spricht von einer »schrecklichen Enge« und von »unvermeidlichem Unglück«. Die starken Winde und die Seeungeheuer Skylla und Charybdis machen Odysseus in der Meerenge schwer zu schaffen: »Wie ein Kessel auf flammendem Feuer brauste mit Ungestüm ihr siedender Strudel, und hoch auf spritzte der Schaum und bedeckte die beiden Gipfel der Felsen.« Dennoch siedeln sich die Menschen rund um diesen Ort an. Bereits im achten Jahrhundert vor Christus gründen die Griechen an der geheimnisvollen Meeresstraße die Stadt Messina. Nach der Zerstörung durch die Karthager (396 v. Chr.) wird Messina im Römischen Reich ein wichtiger Flottenstützpunkt und Handelsplatz. Im Jahr 1908 zählt die Stadt 147 000 Einwohner.

Am frühen Morgen des 28. Dezember 1908 werden die Menschen um 5.25 Uhr durch ein leichtes Vorbeben aus dem Schlaf gerissen. Die ersten Erdstöße dauern jeweils nur zehn Sekunden. Die nachfolgenden halten etwa 35 bis 45 Sekunden an und sind wesentlich stärker. Sie erreichen (nach heutigen Schätzungen) eine Stärke von 7,1 bis 7,2 auf der Richterskala. Ganze Stadtteile fallen in sich zusammen. Die prächtige normannische Kathedrale Annunziata dei Catalani stürzt ein und begräbt kostbare altertümliche Kunstschätze unter sich. Das Gleiche geschieht mit dem Dom, in dem sich ebenfalls Kunstwerke von unschätzbarem Wert befinden. Nur das riesige Christus-Mosaik an der Apsis am Ostende des Doms bleibt wie durch ein Wunder heil. Klöster mit uralten Kulturgütern werden zerstört. Beim Einsturz des Schlosses Durante geht die gesamte Sammlung prähistorischer Funde verloren. Und auch die beiden architektonischen Meisterwerke der Stadt, die Theater Munizone und Vittorio Emanuele, liegen in Schutt und Asche.

Nur ein einziges Gebäude übersteht in Messina die Katastrophe: ein mit Eisenstäben verstärktes Wohnhaus eines Händlers. Ansonsten wird die Stadt vollkommen zerstört. Und auch andere Städte und Orte in einem Umkreis von 200 Kilometern werden zum Trümmerfeld. In Reggio di Calabria sterben 25 000 der 34 000 Einwohner und in Messina 82 000 von 147 000. Insgesamt sind über 100 000 Tote zu beklagen, manche Wissenschaftler sprechen sogar von 250 000. Diese Zahlen übertreffen die Opfer der Katastrophe von Lissabon des Jahres 1755 bei Weitem.

Kurz nach dem Beben bildet sich eine 15 Meter hohe Flutwelle, die mit einer Geschwindigkeit von 800 km/h auf die Küste zurast und alles niederwalzt. Die Gasleitungen platzen, es entstehen überall Brände. Zugleich setzt ein Orkan ein, begleitet von heftigen Regenfällen. Kapitän Owen aus Wales ist auf seinem Dampfer im Hafen Augenzeuge der Katastrophe. Er schildert, was er erlebt hat: »Es war ein regelrechter Zyklon. Der Wind heulte, die Wellen umspülten das Schiff und überfluteten das Deck. Um uns herum geschahen verwunderliche, beängstigende Dinge. Direkt im Meer taten sich riesige Löcher auf, die den Eindruck erweckten, sechs bis neun Meter in die Tiefe zu reichen ... Zuerst schien es so, als ob das Wasser immer wütender würde, dann bildete sich an der Wasseroberfläche weißer Schaum.« Beben, Feuer, Flutwellen, Orkan und sich auftuende Schlünde – die betroffenen Menschen empfinden das grauenhafte Geschehen als Apokalypse. Einige der Überlebenden werden tatsächlich wahnsinnig.

Durch das Beben bricht auch die Kaserne von Sant'Elia zusammen und begräbt Hunderte schlafende Soldaten unter den Trümmern. Auch Polizeireviere und Gefängnisse sind nur noch Ruinen. 750 auf diese Weise freigekommene Häftlinge ziehen ungehindert durch die Straßen und plündern und morden. Sie hacken Toten die Finger ab, um sich ihre Ringe anzueignen. Die Markthallen sind ebenfalls zerstört, die Lebensmittel werden knapp. Es kommt zu tödlichen Auseinandersetzungen um ein paar Naturalien. Russische Kriegsschiffe legen an und bringen erste Hilfe. 600 russische Matrosen übernehmen die Ordnungsgewalt in der verwüsteten Stadt und errichten unter freiem Himmel ein Feldlazarett, in dem sie Tausende von Verletzten ärztlich versorgen. Bald treffen auch britische Kriegsschiffe ein. Die Soldaten organisieren Feldküchen und sorgen für Ruhe und Ordnung unter den überlebenden Einwohnern.

Schon vor der Katastrophe von Messina hat es in Kalabrien schwere Erdbeben gegeben. Vom 5. Februar 1783 an erschüttern fast 1000 Erdstöße zwei Monate lang den Süden Italiens und zerstören 181 Ortschaften. 60000 Menschen kommen ums Leben. Im Boden tun sich 70 Meter tiefe und 50 Meter breite Spalten auf und ziehen alles in die Tiefe. Heiße Fontänen aus kochender Lava sprudeln auf, und Tsunamis überschwemmen das Land. Die Serie von Beben zwischen Ionischem und Tyrrhenischem Meer hält fast 100 Jahre ununterbrochen an und fordert insgesamt 110000 Menschenleben. Ein schweres Beben vom 16. Dezember 1857 fordert in Kalabrien nochmals mehr als 10000 Opfer. Das Unglück wiederholt sich am 8. September 1905, ebenfalls in der Nacht, wie drei Jahre später in Messina. 5000 Menschen sterben.

Am 23. November 1980 verlieren 200000 Menschen durch ein Beben der Stärke 6,8 ihr Zuhause, 3000 Tote müssen begraben werden. Das Epizentrum des Bebens liegt diesmal in der Stadt Eboli nahe Salerno. Auch Neapel ist betroffen. Die Angst vor weiteren schrecklichen Beben in der Region hält bis heute an. Am 30. Oktober 2005 wird die Region um den Ätna von einer Reihe leichterer Beben der Stärke 3,7 erschüttert. In Messina ist man sich ziemlich sicher, dass die Stadt noch in diesem Jahrhundert von einem weiteren sehr schweren Beben betroffen sein wird.

Mehr Tote als im Ersten Weltkrieg

Die »Spanische Grippe« 1918/19

Bei fiebrigen Allgemeinerkrankungen mit mehr oder weniger starker Beteiligung der oberen Luftwege oder des Magen-Darm-Trakts spricht der Laie häufig von einer Grippe. Doch zumeist handelt es sich nur um grippale Infekte. Mit echter Grippe, der epidemisch und weltweit auftretenden und durch Viren der Typen A, B oder C verursachten Influenza, haben diese Erkrankungen nichts zu tun. Das Wort Influenza leitet sich vom lateinischen »influere« (hineinfließen, sich einschleichen) ab und wird für die Krankheit erstmals 1743 vom englischen Arzt John Pringle verwendet. Zur gleichen Zeit nennen die Franzosen sie »la grippe«. Unter dieser Bezeichnung zieht sie auch in den deutschen Sprachgebrauch ein.

Diese ansteckende, akute Erkrankung, die sehr plötzlich mit Frösteln, hohem Fieber, Rachenbeschwerden, Kopf-, Glieder- oder Muskelschmerzen beginnt und deren Inkubationszeit zwischen wenigen Stunden und vier Tagen liegt, hat der Menschheit schon immer zu schaffen gemacht. Bereits 412 v. Chr. beschreibt der griechische Arzt Hippokrates das Krankheitsbild. Jahrhundertelang werden als Ursache die Gestirne, das Wetter, giftige Dämpfe aus Sümpfen oder gar Hexen verantwortlich gemacht. Die erste gut dokumentierte Pandemie (eine Epidemie, die sich über große Gebiete ausbreitet) tritt 1580 auf und geht wahrscheinlich von Asien aus. Doch die größte, bisher unerreichte Grippe-Pandemie ereignet sich am Ende des Ersten Weltkriegs. In weniger als zwölf Monaten sterben an der »Spanischen Grippe« 1918/19 mindestens 27 Millionen Menschen. Damit zählt sie zu den schlimmsten Katastrophen, die die Erde je heimgesucht haben.

Sie heißt zwar »Spanische Grippe«, aber sie kommt gar nicht aus Spanien. Dieses Land wird nur als Ursprungsland angesehen, weil dort zum ersten Mal über den Ausbruch berichtet wird. Als im Weltkrieg neutrales Land hat Spanien eine relativ liberale Zensurbehörde, während die deutsche und auch die alliierte Militärzensur derartige Berichte aus ihren eigenen Gebieten strikt unterdrückt. Beide Heeresführungen wollen nicht, dass bekannt wird, wie sehr ihre Truppen durch die Krankheit geschwächt sind. Deutsche Generäle machen für das Scheitern der letzten deutschen Offensive im Frühjahr und Sommer 1918 vor allem die Influenza verantwortlich. Doch auch die Gegenseite wird schwer getroffen: 1918 sterben 43 000 amerikanische Soldaten an der Grippe, fast so viele wie im ganzen Krieg.

Die »Spanische Grippe« sollte besser »Amerikanische Grippe« genannt werden. Denn sie bricht am 11. März 1918 im Militärcamp Fort Riley in Kansas aus, wo ganze Bataillone von der fiebrigen Erkrankung befallen werden. Sie erweist sich als außerordentlich ansteckend und verbreitet sich schnell über das ganze Land. Mit Truppentransporten gelangt sie nach Europa und von dort aus in die ganze Welt. Man rätselt über die Ursache. Fälschlicherweise wird ein Bakterium, der Pfeiffer'sche Influenzabazillus, für den Erreger gehalten. Das Grippevirus ist zu dieser Zeit noch nicht entdeckt.

Die erste Welle der »Spanischen Grippe« flaut bereits im August 1918 ab. Man glaubt schon, alles überstanden zu haben. Doch dann kehrt sie kurze Zeit später, diesmal ausgehend von Frankreich, mit noch verheerenderer Gewalt zurück. Während bei normalen Grippeverläufen alte Menschen und Kinder am gefährdetsten sind, sterben an der »Spanischen Grippe« innerhalb kürzester Zeit vor allem junge Männer zwischen 20 und 40 Jahren. Der Grund für dieses Phänomen ist bis heute noch nicht enträtselt. Man wendet ungewöhnliche Methoden an, um die Seuche einzudämmen. Schulen, Theater und andere öffentliche Einrichtungen werden geschlossen. In manchen Städten werden sogar Menschenansammlungen auf der Straße verboten. Das Tragen von Gesichtsmasken ist vielerorts Pflicht. Diese zweite Welle dauert bis Anfang 1919, dann ist das große Sterben vorüber. In einigen Regionen kommt es auch danach noch zu kleineren Epidemien, sodass man insgesamt von drei Grippewellen sprechen kann.

Die »Spanische Grippe« fordert in den USA 500 000 Todesopfer, in Deutschland knapp 300 000, in Großbritannien 112 000, in Frankreich 96 000 und in Italien 50 000. Indien verzeichnet mit 12 Millionen die meisten Toten. Teile Alaskas und einige pazifische Inseln verlieren mehr als die Hälfte ihrer Bewohner. Die »Spanische Grippe« ist eine der verheerendsten Seuchen der Menschheitsgeschichte, von denen wir wissen. Innerhalb weniger Monate sterben mehr Menschen als in den vier Jahren zwischen 1348 und 1352 an der Pest. Mit insgesamt mindestens 27 Millionen (einige Quellen sprechen sogar von 50 Millionen) ist die Zahl der Opfer weitaus höher als die auf zehn Millionen geschätzten Toten, die der Erste Weltkrieg gefordert hat. In den unmittelbar am Krieg beteiligten Ländern ist das Verhältnis allerdings umgekehrt: Den 300 000 Grippetoten in Deutschland stehen 1,8 Millionen gefallene Soldaten gegenüber. Krieg, Hunger und Grippe führen insgesamt dazu, dass um diese Zeit die Zahl junger Menschen im Deutschen Reich um 25 Prozent dezimiert wird.

Um die Besonderheiten in Ursache und Verlauf der »Spanischen Grippe« zu klären, wird seit 1950 versucht, den Virusstamm in den Körpern exhumierter Opfer der Krankheit zu finden. Molekularwissenschaftler untersuchen in Formaldehyd konservierte Gewebeproben von US-Soldaten, die 1918 verstorben sind. Sie finden heraus, dass in etlichen Fällen bakterielle Lungenentzündungen zum Tod der Betroffenen beigetragen haben. 1998 wird versucht, Viruserbgut direkt aus Gewebeproben einer seit 1918 im Frostboden Alaskas liegenden Frauenleiche zu isolieren. Einige Abschnitte des genetischen Bauplans des »Killervirus« können entschlüsselt werden. Doch all das führt nicht dazu, dass die Grippe als besiegt angesehen werden kann. Weitere schwere Grippeepidemien beweisen das eindringlich.

Die »Asiatische Grippe« von 1957/58 fordert rund eine Million Todesopfer. Und die »Hongkong-Grippe« von 1968/69 tötet etwa 800 000 Menschen. Allein in Deutschland sterben jeweils zwischen 20 000 und 30 000 Menschen. Die Hongkonger »Vogelgrippe« von 1997 hat ein ähnlich katastrophales Ausmaß. Anfang des 21. Jahrhunderts finden amerikanische Wissenschaftler heraus, dass das Virus von Vögeln auf den Menschen übertragen wird. Und sie stellen auch fest, was geschieht, wenn eine Zelle gleichzeitig mit einem Grippevirus vom Menschen und einem vom Vogel infiziert wird: Dann tauschen nämlich beide Viren ihr Erbgut aus und bilden einen völlig neuen Virustyp. Dadurch können von heute auf morgen neue und bisher völlig unbekannte Krankheiten entstehen, und die Grippeviren können sich laufend so stark verändern, dass Schutzimpfungen illusorisch werden.

Die Menschheit ist von einem neuen Damoklesschwert bedroht. Es ist zurzeit nicht möglich, vorauszusagen, welche Virusformen sich in der Zukunft entwickeln werden. Ebenso wenig ist es möglich, zu verhindern, dass sie überhaupt entstehen.

[1]   Dieses auf Pergament gemalte Bild aus der 1327/35 verfassten englischen Holkham-Bibel zeigt, wie Noah nach der Sintflut von seiner Arche einen Raben und eine Taube entsendet. Links im Bild kehrt die Taube mit einem Ölzweig zurück: Sie hat Land gefunden.

[2]   Sodom brennt, weil Gott wegen der Verderbtheit der Menschen »Schwefel und Feuer« regnen lässt. Der gottgefällige Lot flieht mit seiner Familie aus der Stadt. Doch gleich wird sich seine Frau umdrehen und zur Salzsäule erstarren. Kupferstich von Matthäus Merian (dem Älteren) aus dem Jahr 1630.

[3] Dieses Foto wurde am 28. Mai 2013 auf Madagaskar aufgenommen. Heuschreckenschwärme überfliegen 225 Kilometer südlich der Hauptstadt Antananarivo das Dorfzentrum von Ilaka.

[4] Auf dem 1813 entstandenen Ölgemälde von Pierre-Henri de Valenciennes sehen wir im Hintergrund die Feuersäule des gerade ausgebrochenen Vesuv, während im Vordergrund Plinius der Ältere tot zusammenbricht.

[5] »Der Triumph des Todes«, Fresko aus dem 15. Jahrhundert im Sclafani-Palast von Palermo: Der Tod reitet über Menschen dahin, die in den Jahren 1347 bis 1352 zu Opfern der Pest werden.

Vorstellung und Beschreibung des ganz erschröcklichen Erdbebens, wodurch die Königl. Portugiesische Residenz-Stadt Lissabon samt dem grösten Theil der Einwohnern zu grunde gegangen.

[6] Wenige Tage nach dem verheerenden Erdbeben von Lissabon erscheint 1755 bei Georg Caspar Pfauntz in Augsburg dieses später kolorierte Flugblatt.

[7] Fast 200 Jahre nach der gewaltigen Eruption des Tambora sind deren Auswirkungen auf der am 22. Juli 2009 gemachten Aufnahme noch immer deutlich zu sehen. Sie zeigt die riesige, 1100 Meter tiefe Caldera mit einem Durchmesser von sechs Kilometern.

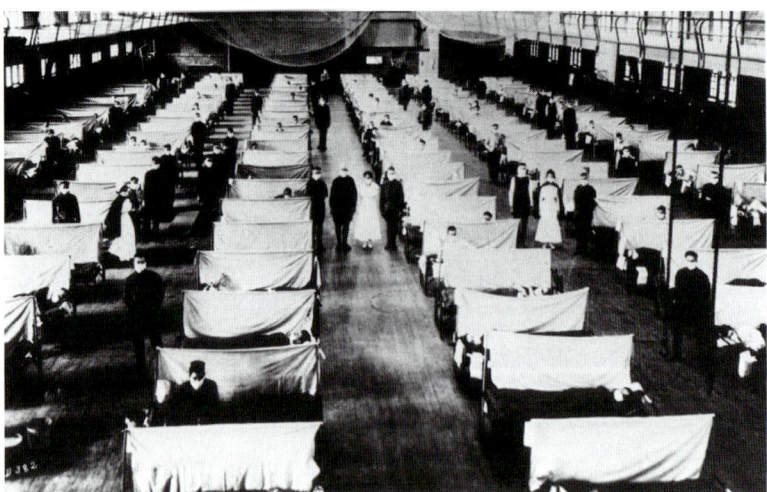

[8] An der »Spanischen Grippe« erkrankte Menschen werden 1918/19 notdürftig in einer amerikanischen Schulturnhalle untergebracht, denn alle Krankenhäuser sind überfüllt. Die reihenweise aufgebahrten Patienten sind durch weiße Laken abgeschirmt. Ärzte, Sanitäter und Krankenschwestern versuchen, sich durch Gesichtsmasken vor der Epidemie zu schützen.

[9] Ein Schnappschuss vom Nikolaustag des Jahres 1952 aus Brixton in der Nähe von London. »The Big Smog« bringt den Straßen- und Schienenverkehr zum Erliegen. Die Menschen tappen durch die gelben, mit Rußflocken vermischten Nebelschwaden. Eine Frau trägt ein Stofftuch vor dem Mund, um besser atmen zu können. Besorgt versucht sie, ihren Hund festzuhalten, damit er sich nicht im dicken Nebel verirrt.

[10] Einsam und verlassen sitzt diese junge Frau nach der schweren Hamburger Sturmflut vom 16./17. Februar 1962 auf einer Bank im überfluteten Stadtteil Finkenwerder, das damals noch eine Elbinsel war. Vielleicht hat die Frau alles verloren, und die Bank ist das Einzige, was sie gerettet hat.

[11] Hurrikan »Floyd« am 14. September 1999 in einem dreidimensionalen, auf Satellitendaten basierenden Computerbild vom gleichen Tage. In der Mitte des weißen Wolkenwirbels über dem blauen Atlantik ist das Auge des Hurrikans ebenso gut zu erkennen wie oben links die grünen Küsten von Florida.

[12] Nach der kolossalen Kaschmir-Katastrophe vom 8. Oktober 2005 tragen Frauen in ihrem 200 Kilometer nördlich der Hauptstadt Srinagar gelegenen Dorf die geretteten Kinder an den vom Erdbeben zerstörten Häusern vorbei.

[13] Gespenstisch schön erwacht ein alter wilder Riese: Der isländische
      Eyjafjallajökull, fotografiert am 3. April 2010, spuckt dicke gelbe und rote
      Lava, umgeben von blauen und rosafarbenen Lichterscheinungen.

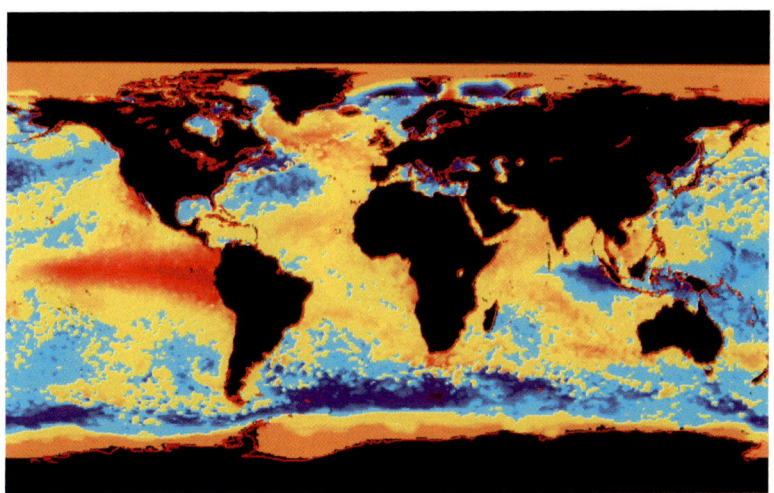

[14] Dieses eingefärbte Satellitenbild aus dem Jahre 1997 zeigt das
      »El Niño«-Wetterphänomen im östlichen Pazifik. El Niño (im Bild rot) bewegt
      sich trichterförmig ostwärts am Äquator entlang auf die südamerikanische
      Westküste zu.

[15]   Ein Horrorszenario wie in dieser Simulation wird es mit einiger Sicherheit
       niemals in einer echten Live-Aufnahme zu sehen geben: Ein »Roter Riese«,
       der den ganzen Himmel eines Planeten rot und siedend heiß ausfüllt, kommt
       immer näher. Der diese Sonne umkreisende Planet zerschmilzt ebenso wie
       sein Trabant oben links, ein schwarzer Mond

[16]   Am 17. September 2014 fotografiert das Hubble-Weltraumteleskop die
       54 Millionen Lichtjahre von der Erde entfernte Zwergen-Galaxie M60-UCD1.
       Es kann belegt werden, dass sie tatsächlich ein Schwarzes Loch »beherbergt«.
       Die Abbildung ist ebenfalls simuliert – Schwarze Löcher werden wir niemals
       sehen können.

Inferno in Tokio und Yokohama

Das Kanto-Megabeben vom 1. September 1923

Warum haben sich gerade an den gefährlichsten Punkten der Erde Riesenstädte entwickelt? Diese Frage gilt für San Francisco und Los Angeles ebenso wie für Tokio, Japans Hauptstadt und Kaiserresidenz auf der Insel Honshu. Tokio liegt mitten in einer Verwerfungszone, wo gleich drei wandernde kontinentgroße Platten der Erdkruste aufeinanderstoßen und sich verschieben. Heute hat die Stadt über neun Millionen Einwohner, der Großraum Tokio sogar 37,5 Millionen. Er kann sich rühmen, vier Millionenstädte als Vororte zu haben, darunter die 13 Kilometer südwestlich gelegene Hafenstadt Yokohama mit allein 3,7 Millionen Einwohnern. Vor dem 1. September 1923 lebten 2,5 Millionen Menschen in Tokio. Die meist sehr engen Straßen gab es damals schon. Sie haben ebenso wie die vielen nicht erdbebensicheren, dicht beieinanderstehenden Holzhäuser erheblich dazu beigetragen, dass eine der verheerendsten Naturkatastrophen der Geschichte ein solches Ausmaß annehmen konnte.

Die Tragödie besteht aus vier Akten. Sie beginnt mit einem regenlosen Taifun, der über die Provinz dahinrast. Die ersten Erschütterungen werden am 1. September 1923 gegen 11.50 Uhr registriert, zu einer Zeit, als die meisten Menschen in Tokio auf ihren Holzkohleöfen ihr Mittagessen kochen. Die Kohlebecken stürzen um und verursachen Feuer, die der heftige Wind schnell über die ganze Stadt verbreitet. Die Flammen lodern bald sechs bis zehn Meter hoch und verschonen weder Gebäude noch Menschen. Die Erdstöße erreichen eine Stärke von 8,3 auf der Richterskala. Sie werden in den letzten 100 Jahren nur von den Erdbeben 1905 und 1906 in Indien (8,6) und Chile (8,6) sowie dem extrem starken Seebeben im Dezember 2004 vor Sumatra (9,0) übertroffen.

Große Erdspalten tun sich auf und reißen die Menschen in die Tiefe. Die Erde wird flüssig und verschluckt hohe Bäume, das Land wird richtiggehend durchgepflügt. Doch so schwer und schlimm diese Erschütterungen auch sind, wesentlich mehr Menschen kommen durch das mächtige Feuer um, das zwei Tage lang in der Stadt wütet und sie fast völlig zerstört. Insgesamt sterben 143 000 Bewohner Tokios und Yokohamas, 200 000 Menschen werden verletzt und 500 000 obdachlos. Mindestens 700 000 Wohngebäude werden zerstört. Der Sachschaden übersteigt drei Milliarden Dollar (nach damaligem Wert) und macht das Erdbeben zu einem der »teuersten«, die sich je ereignet haben.

Die Menschen in Tokio geraten in Panik und versuchen, sich auf die größeren Freiflächen der Stadt zu retten. Sie suchen auf dem Gelände des kaiserlichen Palastes Zuflucht vor den Flammen und springen in die flachen Kanäle, die die Innenstadt durchqueren. Aber auch hier erreicht sie das Feuer. Die enorme Hitze, die von den umliegenden brennenden Häuserreihen kommt, heizt das Wasser derart auf, dass die Menschen darin regelrecht gekocht werden. Hochspannungs- und Telefonleitungen fallen herab und erschlagen zahlreiche Menschen. Die unterirdischen Gasleitungen explodieren und entfachen noch größere Brände. In den hafennahen Gebieten fliehen die Menschen zum Meer. Doch als im Hafen von Yokohama die Öltanks in die Luft fliegen und 100 000 Tonnen Öl Feuer fangen und ins Meer fließen, verbrennen auch hier Tausende Menschen hilflos und qualvoll. Innerhalb weniger Stunden wird Yokohama dem Erdboden gleichgemacht.

Die riesigen Brände erinnern nicht nur an San Francisco 1906, sondern auch an das schwere Erdbeben in Tokio vom 21. März 1857: Dieses löste ebenfalls eine Feuerkatastrophe aus, bei der 107 000 Menschen ums Leben kamen. Auch damals wurden die Flammen durch einen Wirbelsturm zusätzlich angefacht, der mit einer Geschwindigkeit von 100 km/h durchs Land raste. Und auch damals war die Wasserversorgung total zusammengebrochen, sodass große Teile der Stadt von den Flammen vernichtet wurden. Die Bilder gleichen sich auf fatale Weise, die Menschen haben aus den Katastrophen kaum gelernt. Man hat die Stadt an der gleichen Stelle wieder aufgebaut – ebenso wie San Francisco nach dem Beben von 1906 –, aber nur sehr wenige erdbebensichere Häuser errichtet. Eines der wenigen Gebäude, die nach modernen Gesichtspunkten und den Erkenntnissen des Bebens von San Francisco konstruiert wurden, ist das Hotel Imperial in der City von Tokio. Es ist mit einem Gerüst aus Stahl umgeben, eingebettet in den felsigen Untergrund und durch zusätzliche diagonale Verstrebungen vor seitlichen Bewegungen geschützt. Das Hotel übersteht das Beben heil. Sein nach denselben Überlegungen gebautes Wasserbecken in der Eingangshalle wird zur einzigen Wasserquelle, aus der die überforderte Feuerwehr in der Innenstadt Wasser zum Löschen schöpfen kann.

Auch im Umland der beiden Städte wüten die Naturgewalten. Große Hänge rutschen in die Täler und walzen alles nieder. Am Berg Tanzawa löst sich in der Höhe ein ganzer Wald und begräbt ein Dorf unter sich. Im Bahnhof von Nebuwaka wird ein Personenzug von einem anderen Bergrutsch bis in die Bucht von Sagami mitgerissen. Alle 200 Passagiere sterben. Hier, in der Bucht von Sagami, einige Kilometer südlich von Yokohama, liegt das Epizentrum des Bebens. Der Meeresboden sackt an dieser Stelle über 400 Meter tief ab. Als die verzweifelten Menschen gegen 16 Uhr nachmittags glauben, das Allerschlimmste überstanden zu haben, überfällt sie Teil vier der Katastrophe: Ein gewaltiger Tornado zieht am Himmel auf und wirbelt alles durcheinander. Er erfasst die Boote und Schiffe im Hafen, auf denen Menschen Zuflucht gesucht haben, und reißt aus den Feuerwänden in der Stadt glühende Bälle. Sie erreichen ein Lager der japanischen Armee, wohin 40 000 Menschen geflüchtet sind. Fast alle kommen in dem Feuerinferno um.

Die tragischen Ereignisse setzen sich auch nach der Katastrophe fort, die Zahl der Opfer erhöht sich noch weiter: Gemäß der japanischen Religion und den von Generation zu Generation überlieferten Legenden ist der Grund für derart schreckliche Geschehnisse darin zu sehen, dass die Sonnengötter mit dem regierenden Herrscher unzufrieden sind. Kaiser Hirohito weist jedoch die Schande dieser Katastrophe weit von sich und macht die Sozialisten und Koreaner dafür verantwortlich. »Sie haben die Geister vor dem Erdbeben beleidigt«, lässt er offiziell verlautbaren, »und nun wollen sie durch Feuerstiftung und Plünderungen einen Vorteil aus der Katastrophe ziehen.« Auf kaiserlichen Befehl werden daraufhin von seiner Garde 4000 Koreaner öffentlich enthauptet.

Tokio ist seitdem von größeren Erdbeben verschont geblieben. Das schwere Beben vom 16. Januar 1995 trifft die 400 Kilometer südwestlich gelegene Stadt Kobe und tötet 5502 Menschen. 26 800 werden verletzt und 310 000 obdachlos. Dieses Flachbeben, das in der Nähe der Küste mit einer Stärke von 7,2 nur zehn Kilometer unter der Erdoberfläche stattfindet, richtet einen Schaden von 120 Milliarden Dollar an. Es übertrifft damit das Kanto-Erdbeben von 1923 um ein Vielfaches und ist eine der teuersten Katastrophen der Geschichte. Doch es spricht viel dafür, dass es nicht dabei bleiben wird. Tokio sitzt auf einem Pulverfass. Nach dem Volksglauben wird der riesenhafte, tief unter der Erde lebende Katzenfisch Namazu die Menschen alsbald erneut für ihr lasterhaftes Leben bestrafen, indem er die Erde durch seine Bewegungen schwer erschüttert. Japanische Seismologen haben für die nahe Zukunft in der Tat für die japanische Hauptstadt ein weiteres Megabeben mit einer möglichen Stärke zwischen 8 und 9 vorausgesagt. Denn die drei geologischen Platten, in deren Schnittpunkt Japan liegt, werden weiterhin aufeinanderstoßen. Ein 12-köpfiges von der Regierung beauftragtes Forscherteam der Universität Tohoku schätzt die Wahrscheinlichkeit eines solchen Megabebens für Tokio bis zum Jahr 2050 auf 90 Prozent. Das sind schreckliche Aussichten für das Land der aufgehenden Sonne.

Katastrophen von der Mitte des 20. Jahrhunderts bis zum Beginn des 21. Jahrhunderts

»The Big Smog«

London, 5.–9. Dezember 1952

Schon für die Römer ist Britannien das geheimnisvolle Land des grauen Nebels. Und in Shakespeares »Macbeth« besingen die Hexen den grauen Dunst. In den folgenden Jahrhunderten wird insbesondere der Londoner Nebel sprichwörtlich. Seine schmutzigen gelben Schwaden, ätzend und rauchgeschwängert, gehören alsbald ebenso zum Stadtbild wie der Big Ben und die Westminster Abbey. Die Londoner haben sich an den Nebel gewöhnt und nennen ihn fast liebevoll »pea soup«, Erbsensuppe. Charles Dickens beschreibt ihn in seinen Novellen. Der berühmte Nebel von London verleiht der Stadt einen besonderen, geheimnisvollen Charakter. Auch heute noch liefert er die unentbehrliche Kulisse für viele spannende Detektivgeschichten und Kriminalfilme.

Doch stets ist der Nebel für die Briten auch bedrohlich und gefahrvoll gewesen. Schon im Mittelalter fallen Reisende, die in der »dicken Suppe« die Orientierung verloren haben und vom Weg abgekommen sind, Räuberbanden zum Opfer. Und dass die dichten Schwaden auch die Gesundheit beeinträchtigen, insbesondere, wenn sie sich mit dem Rauch verbrannter Kohle vermengen, ist den Menschen ebenfalls früh bewusst. Bis zum 12. Jahrhundert verbrennen die Londoner noch Holz in ihren Öfen. Doch bald geben die abgeholzten Wälder nicht mehr genug her, und das Holz wird so teuer, dass die Stadtbewohner auf die billige Steinkohle ausweichen. Davon ist vor allem an der Nordostküste reichlich vorhanden. Beim Verbrennen dieser Kohle entsteht jedoch mehr Rauch als Wärme, sie ist kein effizientes Heizmittel. König Edward I. verbietet deshalb schon 1272 den Verbrauch oder Verkauf von Steinkohle. Wer sie dennoch verbrennt, wird gefoltert und hingerichtet. Da es aber für die zumeist armen Menschen keine brauchbare Alternative gibt, verfeuern sie weiter-

119

hin den fossilen Energieträger und verpesten damit die Umwelt. Um 1800 verbrennen bereits eine Million Londoner diese Kohle. Immer häufiger liegt in den Wintermonaten tagelang eine undurchdringliche Mischung von gelben Nebelschwaden und dicken Rußflocken über der Stadt. Immer mehr Menschen sterben an den Folgen der Atemwegs- und Herz-Kreislauf-Erkrankungen, die durch das im Nebel enthaltene Schwefeldioxid und das Kohlenmonoxid verursacht werden. Die Menschen ersticken an den giftigen Schadstoffen. In der Woche vom 7. bis 13. Dezember 1873 steigt die Sterblichkeitsrate in London infolge des Nebels auf 40 Prozent über der normalen Quote. Und auch im Januar 1880, im Februar 1882 und im Dezember 1891 und 1892 fordert der Nebel zahlreiche Opfer, vor allem im tiefer gelegenen East End, wo der Ausstoß von Rauch und Ruß aus den Schloten der vielen Fabriken und Kohleöfen besonders hoch ist. Um die heimtückische Kombination von natürlichem Nebel (»fog«) und dem künstlichen Rauch (»smoke«) eindringlicher zu beschreiben, prägt ein Londoner 1905 zum ersten Mal den Begriff »smog«. Mit diesem Kunstwort wird fortan die stark erhöhte Luftschadstoffkonzentration über dicht besiedelten Gebieten infolge besonderer meteorologischer Bedingungen bezeichnet. Smog tritt generell nur bei windschwachen Wetterlagen auf.

Nach dem Zweiten Weltkrieg wird die Londoner Straßenbahn endgültig durch Dieselbusse ersetzt. Die roten Doppeldeckerbusse verschmutzen fortan die Luft noch mehr. Bereits im Winter 1948 kommt es in der Stadt zu einer größeren Smog-Katastrophe. Doch was dann im Dezember 1952 über die Stadt hereinbricht, übertrifft alle bisherigen Ereignisse bei Weitem. Ende November 1952 ist es in England überdurchschnittlich kalt. Insbesondere in Südostengland und in London fällt eine Menge Schnee. Um sich warm zu halten, verfeuern die Londoner in ihren Kaminen und Öfen große Mengen Kohle. In der ersten Dezemberwoche 1952 stellt sich im Süden Englands im Bereich einer Hochdruckzone eine Inversionswetterlage ein. Während am Boden weiterhin kalte Luft nach London einströmt, ist die Luft in größeren Höhen wesentlich wärmer. Am Morgen des 5. Dezember ist die feuchte Luft in der Stadt noch klar. Dann kühlt sie sich bis zum Kondensationspunkt ab; erste Nebelschwaden bilden sich. Aus allen Schornsteinen strömt dichter Kohlenrauch, der infolge der Inversionswetterlage nicht entweichen kann.

Am Abend des 5. Dezember, einem Freitag, wird der Nebel immer dichter. Die Sichtweite beträgt nur noch wenige Meter, sodass das Autofahren unmöglich wird. Sämtliche der 5000 berühmten roten Londoner Doppeldeckerbusse werden aus dem Verkehr gezogen. Die Straßenränder sind voll von verunglückten Kraftfahrzeugen. Die Menschen lassen ihre Autos stehen und versuchen, zu Fuß voranzukommen. Doch der Smog wird schließlich so undurchdringlich, dass man den Weg nur noch finden kann, wenn man sich an den Wänden vorantastet. Und wer an sich herabblickt, kann seine Füße nicht mehr sehen. Viele Menschen verirren sich. Ein Lokführer hält mitten auf einer Brücke, ohne es zu merken. Er steigt aus, stürzt zwölf Meter tief ins Wasser und ertrinkt.

Die Gesichter der Menschen sind mit Kohlenruß bedeckt, und das Atmen fällt immer schwerer. Ein stechender Schwefelgeruch liegt über den Straßen und Häusern der Stadt. Auf den Viehmärkten sterben die Rinder, bevor sie geschlachtet und verkauft werden können. Ihre Lungen sind schwarz. Kino- und Theatervorstellungen müssen abgebrochen werden, da der Smog auch in die Gebäude eindringt und die Zuschauer nichts mehr sehen können. Immer mehr Menschen suchen mit Atemwegsproblemen die Notaufnahmen der Kliniken auf. Diese sind bald restlos überfüllt. Am Samstag, dem 6. Dezember, sterben allein in London über 500 Menschen an den Folgen des Smogs. Ihre Lippen sind blau – ein Zeichen für akute Vergiftung. Sonntag, Montag und Dienstag sterben weitere 1000, vor allem ältere Menschen, Babys und Kleinkinder. Den Bestattungsunternehmen gehen die Särge aus.

Am Dienstag, dem 9. Dezember 1952, dreht der Wind plötzlich in eine andere Richtung, und der »Killer-Fog« verschwindet ebenso rasch, wie er gekommen ist. Die Zahl seiner Todesopfer wird insgesamt mit 12 000 angegeben. An den unmittelbaren Folgen sterben 4000, an den Spätfolgen weitere 8000 Menschen. Die britische Regierung beschließt, die Smogopfer nur bis zum 20. Dezember 1952 zu zählen, da danach eine Grippewelle wütet. Heutige Epidemiologen halten diese Zählweise für falsch: Hunderte Studien belegen eindeutig, dass chronische Atemwegs- und Herz-Kreislauf-Erkrankungen sowie auch Lungenkrebs durch Luftschadstoffe verursacht sein können. Nach dem Gesundheitsreport der Weltgesundheitsorganisation aus 2002 sterben in Europa trotz enormer Anstrengungen, die Luft sauber zu halten, jährlich etwa 100 000 Menschen an den Folgen eingeatmeter Schadstoffe.

Erst vier Jahre nach der Londoner Smogkatastrophe verabschiedet die britische Regierung den »Clean Air Act«, ein Bündel von Maßnahmen zur Bekämpfung der Luftverschmutzung in London. Insbesondere die Zahl der offenen Kamine wird drastisch reduziert. Seitdem hat sich die Luftqualität stark verbessert. Vom 3. bis 7. Dezember 1962 wiederholt sich zwar in London die Extremsituation des Dezember 1952 noch einmal, aber die Zahl der Smogopfer ist weit geringer. 136 zumeist ältere Menschen sterben, und über 1000 erkranken. Zur selben Zeit tritt auch im Ruhrgebiet, vor allem in Bochum, eine Smogkatastrophe ein, die mehr als 150 Todesopfer fordert. Und am 18. Januar 1985 wird – erstmals in Deutschland – für das westliche Ruhrgebiet ein Smogalarm der Stufe III ausgelöst, verbunden mit Einschränkungen für die Industrie sowie strikten Fahrverboten für den Privatverkehr. In den folgenden Jahren wird die Schadstoffbelastung der Luft durch eine Reihe von Verordnungen gesenkt. In vielen Haushalten ist die umweltschädigende Ofenheizung inzwischen durch Erdgas und Fernwärme ersetzt worden. Und Kraftwerke und die gesamte Industrie sind verpflichtet, ihre Emissionen zu senken. Deshalb bestehen ermutigende Aussichten, dass sich die Katastrophe des »Big Smog« im Jahr 1952 in Europa nicht noch einmal wiederholt.

Doch in Asien, insbesondere in China, kommen »Big Smogs« aufgrund der anhaltenden Luftverschmutzung auch heute noch regelmäßig vor, mit wenig Aussicht auf baldige Besserung. Hauptursachen dafür sind vor allem die extrem starken Autoabgase sowie die nach wie vor starke Kohleabhängigkeit bei der Energiegewinnung im Osten Chinas. Als Anfang März 2014 die 20-Millionen-Stadt Peking über mehrere Tage von einer Smogkatastrophe heimgesucht wird, werden Feinstaubwerte von über 500 Mikrogramm pro Kubikmeter gemessen. Das ist das 19-fache des Grenzwerts, der von der Weltgesundheitsorganisation für unbedenklich gehalten wird. Im Fernsehen schockieren uns eindringliche Bilder, auf denen sich auf den kaum noch erkennbaren Straßen hilflose Menschen mit einfachen Stofftüchern vor dem Mund durch den dicken Nebel tasten. Der immer wiederkehrende, zunehmende Smog vertreibt insbesondere reiche Bürger aus den stickigen, verdreckten Städten Chinas. Sie fliehen hinaus auf die Inseln Hainan oder Sanya im Chinesischen Meer.

Von »Hazel« zu »Sandy« – Killerhurrikans in der Karibik und den USA

1954–2012

In den tropischen Regionen der Weltmeere, etwa zwischen dem 15. nördlichen und südlichen Breitengrad beiderseits des Äquators, werden die zerstörerischsten Wirbelstürme geboren, die es auf unserem Planeten gibt. Diese mächtigen Wolkenwirbel können jeweils einen Durchmesser von fast 1000 Kilometern erreichen. In der Karibik heißen sie »Hurrikan«, im Pazifik »Taifun«, im Indischen Ozean »Zyklon«, und in Australien nennt man sie »Willy Willy«. Sie entstehen alle auf dieselbe Weise: Wenn die Wassertemperatur in den tropischen Ozeanen höher als 27 Grad ist, steigen Luftmassen bis in eine Höhe von 20 Kilometern auf und bilden große Wolkentürme. Der aufsteigende Wasserdampf kühlt ab und kondensiert. Dabei wird Wärme frei, was dazu führt, dass die Luft immer leichter wird und weiter und weiter aufsteigt. Es entsteht ein Sog, der noch mehr Wasserdampf von der warmen Meeresoberfläche nach oben saugt. Das sich bildende und sich selbst verstärkende Tiefdruckgebiet wird durch die Erddrehung spiralförmig abgelenkt und beginnt zu rotieren – ein Wirbelsturm ist geboren. Er wird ständig größer und stärker und kann einen Durchmesser von 1000 Kilometern haben. Während die aufsteigende Luft in den äußeren Bereichen des Sturms Geschwindigkeiten von bis zu 400 km/h erreichen kann, sinkt sie im Zentrum ab. Im sogenannten »Auge« des Sturms, das im Durchmesser bis zu 40 Kilometer groß sein kann, herrscht absolute Windstille. Hier gibt es auch keine Wolken und keinen Niederschlag. Von den äußeren Wolkenwänden gehen parallel zur Windrichtung Wolkenbänder aus. Sie geben dem Hurrikan seine charakteristische Form.

Aufgrund ihrer riesigen Ausdehnung und der enormen Windgeschwindigkeiten bringen tropische Wirbelstürme ein extrem hohes Katastrophenrisiko mit sich. Ihre »Landungsgebiete« sind in der Regel dicht besiedelte Küsten, die von einer dem Wind meist nachfolgenden Sturmflut über mehrere Hundert Meter landeinwärts verwüstet werden. Während ihrer etwa zweiwöchigen Lebensdauer nehmen die tropischen Wirbelstürme gewaltige Wassermengen auf und ergießen diese auf die Landflächen, über die sie hinwegrasen. Mancherorts fallen innerhalb von ein bis zwei Tagen 2000 Liter Wasser pro Quadratmeter. Über dem Festland nimmt die Reibung mit dem Untergrund zu, sodass der Sturm sich allmählich abschwächt und immer mehr Energie verliert. Er wird zu einem normalen Tief.

Leider stellen sich diese Sturmgiganten häufig und regelmäßig ein. Weltweit werden jedes Jahr ungefähr 70 registriert, wovon über die Hälfte Orkanstärke erreichen. Früher hatten die Hurrikans keine Namen. Um sie dennoch auseinanderhalten zu können, bezeichnete man sie nach dem Ort, an dem die größten Schäden angerichtet wurden. So heißt der schwere Hurrikan, der am 6. September 1900 die texanische Stadt Galveston heimsuchte und 6000 Todesopfer forderte, der »Galveston-Hurrikan«. Später ging man dazu über, die Hurrikans nach dem Alphabet der amerikanischen Marine zu taufen. Sie hießen fortan »Able«, »Baker« oder »Charlie«. Seit 1953 erhalten sie auch weibliche Namen.

Einer der ersten großen »weiblichen« Hurrikans ist »Hazel«. Er verhält sich besonders heimtückisch: Am 12. Oktober 1954 rast er zunächst mit bis zu 200 km/h über Haiti hinweg, wo ihm über 1200 Menschen zum Opfer fallen und viele Bananen-, Kaffee- und Zuckerrohrfelder vernichtet werden. Hurrikan »Hazel« durchquert die ganze Insel und zieht dann wieder aufs Meer hinaus, wo er zu verschwinden scheint. Doch in der Nacht zum 13. Oktober bildet sich ein riesiges Hochdruckgebiet, das den endgültigen Rückzug verhindert. »Hazel« erwacht zu neuem Leben und trifft am Morgen des 15. Oktober, begleitet von einer neun Meter hohen Flutwelle, an der Küste von South Carolina ein. Hier verwüstet der Hurrikan Hunderte Häuser und richtet einen Schaden von 136 Millionen Dollar an. Erstaunlicherweise schwächt er sich über dem Land keineswegs ab. Er wendet sich, alles niedermähend, nordwärts und zieht durch North Carolina, Virginia, Maryland, Pennsylvania, New Jersey und den Norden des Staates New York. Man hofft, dass er in den Allegheny-Bergen ausklingen wird. Doch eine über Chicago entstehende Kaltwetterfront verhindert das. Sie lenkt den Hurrikan in Richtung Toronto um. »Hazel« hat ein zähes Leben und verstärkt sich mit einer Geschwindigkeit von über 220 km/h sogar wieder. Die Regenfälle nehmen ebenfalls zu. Als »Hazel« über Toronto mit der Kaltwetterfront aus Chicago kollidiert, führt der daraus entstehende Wasserdampf zu einem Platzregen sintflutartigen Ausmaßes. Die Flüsse treten über die Ufer und fordern weitere Todesopfer. Allein in Toronto betragen die Sachschäden mehr als 100 Millionen Dollar. »Hazel« zieht Richtung Nordosten weiter und verebbt endlich über Grönland. Selbst an der Küste Norwegens sind die Auswirkungen noch zu spüren.

Ebenso verheerend und ähnlich unberechenbar ist der Hurrikan »Camille« vom August 1969. Er gilt als der größte dokumentierte Sturm, der bis dahin jemals ein dicht besiedeltes Gebiet in den USA heimsuchte. Dass die Zahl der Todesopfer mit 360 Menschen relativ gering bleibt, ist auf die fortschrittlichen Methoden im Hurrikan-Meldesystem zurückzuführen. »Camille« entsteht vor der Küste Afrikas und wird erstmals am 14. August 1969 von Beobachtungsflugzeugen in der Karibik gesichtet. Von nun an wird der Hurrikan genau verfolgt. Am 15. August erreicht er mit Orkanwinden von 240 km/h den Golf von Mexiko und zieht Richtung New Orleans. Ein Flugzeug der US Air Force steuert direkt in das Auge des Hurrikans hinein, wo der zweitniedrigste Luftdruck herrscht, der je gemessen wurde. »Camille« entlädt sich mit voller Wucht über den US-Staaten Louisiana und Mississippi. Eine acht Meter hohe Flutwelle zerstört den Erholungsort Pass Christian. Auf dem hüfthohen, verseuchten Wasser in den Straßen treiben Leichen, und aus den umliegenden Sümpfen strömen Hunderte von giftigen Wassermokassin-Ottern in die Stadt. Über das Gebiet wird der Ausnahmezustand verhängt. Als »Camille« weiter Richtung Tennessee und Kentucky zieht, hofft man, dass der Hurrikan sich abschwächt. Das Gegenteil ist der Fall: »Camille« dreht nach Osten Richtung Virginia ab; der Sturm gewinnt neue Kräfte und auf irgendeine Art, über die Meteorologen noch heute rätseln, neue Regenmengen hinzu. In der Nacht des 19. August fallen innerhalb von vier Stunden pro Quadratmeter 78 Zentimeter Regen – eine Menge, wie sie im Schnitt ein Mal in 1000 Jahren auftritt. Von Virginia aus zieht Hurrikan »Camille« wieder hinaus in den Atlantik, wo er sich in der Nähe von Neufundland auf offener See auflöst.

Auch der Hurrikan »Gilbert« entsteht Ende August 1988 vor der Küste Afrikas. Er lässt sich von den Passatwinden treiben, erreicht Anfang September die östliche Karibik und schlägt zwischen dem 12. und 19. September 1988 eine 4000 Kilometer lange Schneise enormer Zerstörung. Mit der höchstmöglichen Stärkekategorie 5 wird er zum stärksten Sturm des 20. Jahrhunderts; mehr als 350 Menschen fallen ihm zum Opfer. Vor allem auf Jamaika entstehen Schäden, deren Höhe mit acht Milliarden Dollar beziffert wird. »Gilbert« vernichtet die gesamte Bananenernte und Geflügelzucht und wird zur größten Naturkatastrophe in der Geschichte der Insel. Er streift Puerto Rico, die Dominikanische Republik und die Virgin Islands und steuert dann direkt auf Mexikos Halbinsel Yucatán zu, wo er am 14. September mit einer sieben Meter hohen Flutwelle die Küste erreicht. Auch hier sind die Zerstörungen gewaltig, insbesondere in der Stadt Cancún, in der 300 000 Menschen obdachlos werden. Honduras, Nicaragua und Guatemala melden ebenfalls Todesopfer. Und auch in Galveston in Texas geht eine Regenwand nieder.

Der Eindruck, dass die Hurrikans als Folge der allgemeinen Klimaerwärmung von Jahrzehnt zu Jahrzehnt an Stärke, Intensität und Zerstörungsausmaß zunehmen, wird am 24. August 1992 vollauf bestätigt, als »Andrew« über die Bahamas, Florida und Louisiana hinwegrast. »Andrew« ist zwar nicht der stärkste Sturm der letzten Jahre, aber er geht als die bis dahin teuerste Naturkatastrophe in die Geschichte der USA ein. Die Zahl der Toten ist mit 69 geringer als erwartet. Doch 250 000 Menschen werden obdachlos. Und die Schäden übersteigen die ungeheure Summe von 30 Milliarden Dollar, wovon Versicherungsgesellschaften etwa sieben Milliarden übernehmen. Einige Versicherer verlassen nach dieser Katastrophe Florida, was wiederum andere in den Ruin treibt. Der Schaden ist hauptsächlich deshalb so groß, weil Regionen mit vielen hoch versicherten Werten betroffen sind, etwa Einkaufscenter, luxuriöse Seniorenheime und neu erbaute Häuser in Strandnähe. Zunächst ist »Andrew« nur ein tropisches Tiefdruckgebiet im Atlantik, das nördlich an Puerto Rico vorbeizieht. Doch am Sonntag, dem 22. August 1992, entwickelt sich daraus ein tropischer Wirbelsturm, der mit 200 km/h und furchterregender Kraft auf die Bahamas zurast und die Inseln mit riesigen Wellen überschwemmt. Dann nimmt er Kurs auf Florida und ebnet dort buchstäblich die ganze Landschaft ein. In Miami fallen ganze

Häuserblocks zu Schutthaufen zusammen. Hauptleitungen für Gas und Wasser bersten, Hunderttausende Einwohner verlieren in der südlichen Region Floridas ihr Zuhause. Präsident George Bush sen. entsendet Militär und verspricht, die obdachlosen Menschen mit Lebensmitteln zu versorgen. Doch die Hilfe trifft nur schleppend ein und ruft offene Kritik hervor. Als »Andrew« über die Westküste Floridas wieder hinaus aufs Meer zieht, atmen die Menschen auf und glauben, alles sei vorbei. Aber über den warmen Gewässern des Golfs von Mexiko tankt »Andrew« neue Kraft, stürmt mit 230 km/h zurück Richtung Land und bedroht New Orleans. Kurz davor ändert der Hurrikan seine Richtung, die Stadt bleibt verschont. »Andrew« verwüstet das umliegende Marschland und die Zuckerrohrfelder. Das südliche Louisiana, das überwiegend unter dem Meeresspiegel liegt, wird von einer zwei Meter hohen Flutwelle überrollt, die alles zerstört, was ihr in den Weg kommt. Außerdem regnet es heftig und ununterbrochen. Dann hat sich »Andrew« ausgetobt. Er löst sich über dem US-Staat Mississippi auf.

1998 sind es gleich zwei überdimensionale Hurrikans, die mit ihrer mörderischen Kraft enorme Verwüstungen anrichten: »Georges« und »Mitch«. Ende September wandert der Hurrikan »Georges« von der Küste Westafrikas auf Puerto Rico zu und erreicht die Insel am Abend des 20. September. Die Bevölkerung hat sich, gewarnt durch die Katastrophe durch den Hurrikan »Hugo« im Jahr 1989, gut auf den Sturm vorbereitet. Viele Menschen suchen Zuflucht in sturm-sicheren Unterkünften. Dennoch gibt es einige Todesopfer. Es sei sehr still gewesen, als das Auge des Hurrikans vorüberzog, berichtet ein Augenzeuge: »Und dann konnte man es wieder kommen hören. Es klang wie ein Sattelzug, der die Straße herunterkommt.« Über der Karibik tankt »Georges« neue Kraft. Am Vormittag des 22. September 1998 erreicht er 120 Kilometer östlich von Santo Domingo die Dominikanische Republik und richtet hier schwerste Zerstörungen an. 203 Menschen sterben, rund 200 000 werden obdachlos. Fast die ganze Ernte ist vernichtet. Für das kleine Land ist »Georges« nach den Worten seines Präsidenten »eine nationale Tragödie«. Aber »Georges« hat noch nicht genug, er tobt anschließend über Haiti und richtet hier ähnlich große Schäden an. Die Berge Haitis brem-sen ihn ein wenig ab. Doch über dem Meer gewinnt er wieder an Energie. Östlich der Bucht von Guantanamo erreicht er Kuba und verwandelt vorwiegend den östlichen Teil der Insel in ein Meer von Schlamm. Auf dem Weg nach Norden Richtung Florida wird »Georges« über dem offenen Wasser wieder stärker. In Key West sind über eine Million Menschen evakuiert worden. Auch hier kommt es zu riesigen Überschwemmungen. Anschließend wird der Süden des Bundesstaates Mississippi heimgesucht. Hier verharrt »Georges« fast zwölf Stunden. Erst am Morgen des 1. Oktober bewegt er sich Richtung Georgia, wo er sein »Leben« aushaucht. Seine schreckliche Bilanz sind insgesamt 603 Todesopfer und mehrere Hunderttausend Obdachlose.

Nur einen Monat später tobt der Hurrikan »Mitch« über Mittelamerika und löst dort eine der größten Katastrophen des 20. Jahrhunderts aus. »Mitch« baut sich zu einem Super-Hurrikan der Stärke 5 auf, der höchsten Stufe, und fegt am 26. Oktober 1998 mit Geschwindigkeiten bis zu 320 km/h über Honduras und Nicaragua hinweg. Anschließend regnet es hier sechs Tage lang heftig und ununterbrochen. Die dadurch ausgelösten riesigen Überschwemmungen wirken sich noch katastrophaler aus als der Sturm selbst. Malaria und Cholera breiten sich aus. 11 000 Todesopfer werden geborgen. Weitere 20 000 Menschen werden bis heute vermisst, sodass davon auszugehen ist, dass die Zahl der Todesopfer 30 000 übersteigt. Eineinhalb Millionen Menschen werden obdachlos. Der finanzielle Schaden beläuft sich auf über fünf Milliarden Dollar – eine unglaubliche Summe für die beiden Länder, die zu den ärmsten der Welt zählen. Allein der Wiederaufbau der Infrastruktur dauert 15 bis 20 Jahre.

Am 14. September 1999 verwüstet der Hurrikan »Floyd« erneut die Bahamas, North Carolina und New Jersey. Er fordert 67 Todesopfer und verursacht, vor allem durch die tagelang andauernden Regenfälle, Schäden von mehr als sechs Milliarden Dollar. Aufgrund der Hurrikanwarnungen fliehen über eine halbe Million Menschen aus den bedrohten Gebieten, alle Straßen sind hoffnungslos verstopft. Die auf ihren Abschussrampen stationierten Raumfähren in Cape Canaveral überstehen den Hurrikan ohne Beschädigungen. Als »Floyd« am 16. September New York erreicht, hat er sich zum Glück schon stark abgeschwächt. Dennoch schlägt er eine Schneise der Verwüstung durch die südlichen Stadtbezirke am Hudson River. Danach driftet »Floyd« nach Neufundland ab und verwandelt sich über dem Nordatlantik in ein außertropisches Tief.

Angesichts der apokalyptischen Ausmaße all dieser Hurrikankatastrophen möchte man meinen, dass weitere Steigerungen nicht mehr möglich sind. Doch im August 2005 übertrifft der Hurrikan »Katrina«, der über die US-Bundesstaaten Louisiana, Mississippi und Alabama hereinbricht, alles bisher Dagewesene. Er stellt die schwerste Naturkatastrophe dar, die Nordamerika seit dem Erdbeben von San Francisco im Jahr 1906 erlebt hat. Die Schäden erreichen die Rekordhöhe von mehr als 100 Milliarden Dollar, viermal mehr als Hurrikan »Andrew« 1992 kostete. Die Zahl der Todesopfer wird anfangs auf 25 000 geschätzt. Nachdem viele zunächst Geflohene und Vermisste wieder aufgefunden wurden, stellt sich jedoch heraus, dass die Zahl der durch den Sturm und die nachfolgenden Überschwemmungen Getöteten 1000 nicht übersteigt.

»Katrina« fegt zunächst als Hurrikan der Stufe 1 über den Südzipfel Floridas hinweg und verursacht schwere Überschwemmungen. Danach tankt der Sturm über dem warmen Wasser des Golfs von Mexiko so viel Energie, dass er sich mit Windgeschwindigkeiten von bis zu 280 km/h zur stärksten und schlimmsten Hurrikan-Kategorie 5 aufbaut. Nur drei Mal seit dem Beginn der meteorologischen Aufzeichnungen hat bisher ein Sturm von solcher Kraft das amerikanische Festland erreicht. Das Unwettergebiet ist ungewöhnlich groß. Noch 45 Kilometer vom Auge des Hurrikans entfernt wüten die Winde mit Hurrikanstärke. Am 28. August 2005 nimmt »Katrina« Kurs auf die Südostküste der USA und bedroht unmittelbar die Touristenmetropole New Orleans. »The Big Easy«, wie die Bewohner von New Orleans ihre Stadt wegen der unbeschwerten Lebensweise nennen, ist an drei Seiten von Wasser umgeben: dem Golf von Mexiko, dem Fluss Mississippi und dem riesigen Salzwassersee Pontchartrain, der zweieinhalb Mal so groß wie Hamburg ist. Außerdem liegen große Teile der Stadt tiefer als der Meeresspiegel, und die wenigen Dämme schützen sie nur unzureichend gegen Hochwasser.

Zum ersten Mal in der US-Geschichte wird eine Evakuierung dieser Stadt verfügt. Die meisten der 1,4 Millionen Menschen, die in dieser Region leben, fliehen per Pkw ins Landesinnere. Doch rund 100 000 Menschen in New Orleans besitzen kein Auto. Daher wird der Superdome, das Stadion der Stadt, als Notunterkunft eingerichtet. Die Altstadt, das »French Quarter«, wo sonst fast an jeder Straßenecke Jazzbands spielen, ist wie ausgestorben. Die Kneipen

in der berühmten Bourbon Street sind mit dicken Spanplatten ver-
nagelt. »Katrina« hinterlässt im Südosten der USA über Hunderte
von Kilometern eine unvorstellbare Verwüstung. Weite Landstriche
stehen unter Wasser. Auch New Orleans wird zu 80 Prozent überflutet, weil der Damm zum Pontchartrainsee auf einer Länge von zwei
Straßenzügen bricht. In manchen Stadtvierteln schauen nur noch
Hausdächer, auf die sich verzweifelte Menschen gerettet haben, aus
der braunen Brühe. Es gibt keinen Strom, kein Trinkwasser und
kaum noch Lebensmittel. Viele Menschen sind obdachlos. Diebes-
banden durchstreifen die Stadt, es kommt zu Plünderungen. In der
Stadt herrscht praktisch Gesetzlosigkeit. Die Nationalgarde wird
eingesetzt, und der Bürgermeister verhängt das Kriegsrecht. In den
überfluteten Straßen treiben Leichen. Wegen Seuchengefahr ruft die
US-Regierung den Gesundheitsnotstand aus.

Doch die völlige Zerstörung bleibt der Stadt erspart. Kurz vor New
Orleans dreht »Katrina« ab, ähnlich wie 1992 auch der Hurrikan
»Andrew«. »Katrina« geht weiter östlich im US-Staat Mississippi mit
gigantischer Gewalt an Land, begleitet von einer fast sieben Meter
hohen Flutwelle. In der Stadt Biloxi wird ein hoher Mietshauskom-
plex aus seinen Fundamenten gerissen und zerstört. Und die Klein-
stadt Waveland, in der zuvor 7000 Einwohner lebten, wird praktisch
von der Landkarte gelöscht. Alle Gebäude werden weggerissen, die
Straßen führen ins Nichts. Im Golf von Mexiko werden Ölförder-
anlagen und Raffinerien beschädigt, das Benzin wird knapp. Die
großen Mineralölgesellschaften erhöhen die Preise auf einen Schlag
um acht Cent je Liter. In den Küstenregionen harren fünf Tage nach
der Katastrophe noch immer rund 50 000 Menschen aus und warten auf Rettung. Scharfe Kritik an der US-Regierung wird laut, bis
hin zu den harschen Worten, Präsident George W. Bush seien die
Schwarzen egal. Dieser räumt beim Besuch der verwüsteten Region
Fehler ein und verspricht umfassende Hilfe. 164 Milliarden Euro sollen investiert werden, das wohl größte Wiederaufbauprojekt in der
Geschichte der USA.

Die US-Army richtet eine Luftbrücke mit Helikoptern ein. Die
Zwangsräumung von New Orleans wird angeordnet. Zugleich bitten
die USA die Europäische Union und die NATO offiziell um Unterstützung. Die Bundesrepublik Deutschland entsendet 90 Mitarbeiter
des Technischen Hilfswerks mit 15 Hochleistungspumpen, die pro

Minute 15 000 Liter Wasser abpumpen können. Auch Russland schickt erstmals in der Geschichte humanitäre Hilfe in die Vereinigten Staaten: Zelte, Decken und Fertiggerichte. Einen Monat nach der »Katrina«-Katastrophe wird die vorläufige Zahl der Todesopfer mit 1121 angegeben. Allein in Louisiana starben 885 Menschen, in Mississippi 220.

Als die Menschen nach Tagen in das schwer zerstörte New Orleans zurückkehren, werden sie gestoppt und erneut zur Flucht aufgefordert. Der Grund ist »Rita«, ein neuer gefährlicher Hurrikan, der am 20. September 2005 mit Windgeschwindigkeiten von 160 km/h zwischen Kuba und der Südspitze Floridas hindurchfegt und auf die Küste Louisianas zuhält. Er ist 2005 bereits der fünfte schwere Hurrikan in dieser Region. New Orleans ist erneut bedroht. In Louisiana wird der Notstand ausgerufen. Über dem Golf von Mexiko nimmt »Rita« an Stärke zu und baut sich zu einem Monstersturm auf. Am 21. September hat er schon Stärke 4, und am 22. September erreicht er die höchste Hurrikanstufe 5 und bewegt sich auf die Küsten von Louisiana und Texas zu. Zwei Hurrikans mit der Maximalstärke 5 innerhalb eines Jahres über dem Festland, das hat es in der Geschichte der USA noch nie gegeben.

Alle 57 000 Einwohner von Galveston (Texas) werden aufgefordert, sich in Sicherheit zu bringen und die vorbereiteten Notaufnahmelager in Huntsville aufzusuchen. Das Gleiche gilt für die Menschen im Großraum Houston. Tausende Menschen aus der Region um New Orleans, die nach »Katrina« in Notunterkünften in Texas Zuflucht gesucht haben, werden nun nochmals umgesiedelt, nach Arkansas und Tennessee. In Houston verlassen mehrere Ölfirmen ihre Plattformen und Raffinerien. Auch die NASA lässt ihre Kontrollstation räumen. Die Überwachung der Raumstation ISS wird von der russischen Bodenstation übernommen. Die US-Regierung schickt diesmal schon im Voraus Hunderte Wagenladungen mit Trinkwasser, Eis und Medikamenten in die bedrohten Gebiete und stellt 500 000 Militärmahlzeiten bereit. Zwei Millionen Menschen sind auf der Flucht. In Dallas und Austin bricht ein Verkehrschaos mit vielen Unfällen aus. Die Staus erreichen eine Länge von bis zu 150 Kilometern. An den Tankstellen gibt es kein Benzin mehr.

Als hätte »Rita« plötzlich ein Einsehen mit der Not und Angst der Menschen, ändert der Hurrikan am 23. September 2005 plötz-

131

lich seinen Kurs und schwächt sich auf die Kategorie 3 ab. Am 24. September wird er zu einem tropischen Tief herabgestuft. »Rita« verliert zusehends an Energie und trifft Houston und Galveston nur noch mit seinen Ausläufern. Dennoch verursacht der Sturm mit meterhohen Flutwellen und heftigen Regenfällen schwere Schäden in Höhe von mindestens fünf Milliarden Dollar. In Lake Charles (Texas) fallen ganze Wohnblocks in sich zusammen, und in Beaumont (Texas) sieht es aus, als wäre ein riesiger Bulldozer über das Areal gefahren. Große Landstriche stehen bis zu fünf Meter unter Wasser. Einige Ferienorte sind ganz von der Landkarte verschwunden. Auch im leidgeprüften New Orleans strömt erneut Wasser in die Geisterstadt, weil einige notdürftig reparierte Dämme brechen. Die Zahl der Toten bleibt allerdings infolge der Evakuierungen mit weniger als 100 erfreulich gering.

Doch damit ist die Saison der schweren Hurrikans des Jahres 2005 immer noch nicht vorbei. Mitte Oktober bildet sich im Südwesten der Kanaren ein nach Westen treibendes Sturmtief, das sich in der Karibik zu einem Hurrikan aufbaut. Dieser erhält den Namen »Wilma« und wird zum stärksten Sturm, der dort je gewütet hat. Innerhalb weniger Stunden wird er vom Tropensturm über dem warmen Wasser der Karibik zum Hurrikan der Kategorie 5 hochgestuft. Schneller hat sich noch kein Sturm zum Hurrikan entwickelt. »Wilma« erweist sich als extrem gefährlich; es ist in dieser Region bereits der zwölfte Hurrikan im Jahr 2005. Am Morgen des 19. Oktober bewegt sich »Wilma« mit Windgeschwindigkeiten von mehr als 280 km/h auf die Meeresstraße zwischen Kuba und der mexikanischen Halbinsel Yucatán zu. In Honduras, Kuba und Nicaragua gehen sintflutartige Regenfälle nieder. In Haiti und auf Jamaika sind die ersten Todesopfer zu beklagen.

Am 20. Oktober erreicht »Wilma«, gewaltige, meterhohe Brecher vor sich hertreibend, die mexikanischen Urlaubsstrände von Cancún und Playa del Carmen. Fast 100 000 Urlauber sind zuvor zwangsevakuiert worden, darunter 6000 Deutsche. Die meisten Einwohner der Küstenorte weigern sich dagegen, ihre Heimat zu verlassen. Der Hurrikan bewegt sich mit nur 8 km/h sehr langsam voran, ist aber mit 65 Kilometern Durchmesser zu einem Riesen geworden. Die Schäden, die er anrichtet, sind immens. Bäume, Häuser und Hügel bremsen »Wilma« über Yucatán ab. Der Hurrikan verliert an Kraft und dreht Richtung Florida ab. Über dem Golf von Mexiko tankt er wieder auf und erreicht mit einer Stärke der Kategorie 3 am 24. Oktober die Südspitze Floridas, wo er ebenfalls gewaltige Zerstörungen anrichtet. Allein die Versicherungsschäden erreichen die mutmaßliche Höhe von sechs Milliarden Dollar. Entlang der Ostküste zieht der Hurrikan nach Norden auf den Atlantik und erreicht einige Tage später als normales Tief Europa.

Am 22. Oktober 2012 bildet sich über der Karibik das mit einem Durchmesser von 1800 Kilometern größte Sturmgebiet, das bis dahin je gemessen wurde. Eine Megakatastrophe droht. Der Hurrikan erhält den Namen »Sandy« und zieht mit Spitzengeschwindigkeiten von 185 km/h über Jamaika, Kuba und die Bahamas auf die Ostküste der USA zu. In New Jersey erreicht er am 29. Oktober das Festland und löst eine Sturmflut mit sieben Meter hohen Wellen aus, die sich mit einer Springflut vermischt. In mehreren US-Bundesstaaten wird der Notstand ausgerufen. Der Bürgermeister von New York City ordnet die Evakuierung von 375 000 Bewohnern aus niedrig gelegenen Gebieten in Brooklyn und Manhattan an. Der New Yorker Hafen wird ebenso geschlossen wie die Flughäfen, der öffentliche Nahverkehr wird eingestellt. Amerika befindet sich gerade im Wahlkampf; Präsident Barack Obama sagt sämtliche Veranstaltungen seiner Kampagne ab. In seiner Rede an die Nation äußert er besorgt: »Gott stehe uns bei!« New York ist gut vorbereitet auf die drohende Katastrophe. Als die Wassermassen Manhattan erreichen, werden zum ersten Mal seit über 100 Jahren mehrere U-Bahn-Tunnel überflutet. Der Hudson River tritt über die Ufer und überschwemmt nahe gelegene Straßen. Nach einer Explosion in einem Umspannwerk sind 250 000 New Yorker ohne Strom, an der Ostküste sind es insgesamt 7,3 Millionen. In den Stadtteilen Brooklyn und Queens kommt es zu Plünderungen. Zusätzlich zu den heftigen Winden setzt anhaltender Starkregen ein, pro Quadratmeter gehen 300 Liter Wasser nieder. Durch die Auswirkungen des Hurrikans kommen 147 Menschen ums Leben. Die Schäden werden auf 75 Milliarden US-Dollar geschätzt. Am 29. Oktober löst sich »Sandy« endlich auf.

Die »weiblichen« Killerstürme der letzten Jahre – »Katrina«, »Rita«, »Wilma« und »Sandy« – haben Wissenschaftler zu verstärkten Überlegungen veranlasst, wie die katastrophale Wirkung solcher Hurrikans künftig gebändigt oder zumindest entschärft werden kann.

Der US-Forscher Moshe Alamaro aus Boston etwa will im Atlantik eine Flotte von mit Kerosin gefüllten Schleppkähnen stationieren, auf denen jeweils bis zu 20 senkrecht angebrachte Düsentriebwerke montiert sind. Im Entstehungsgebiet eines Hurrikans sollen dann die Triebwerke angeworfen werden. Die austretende Heißluft würde nach Alamaros Plan die warme, feuchte Meeresluft ansaugen, sodass dem sich bildenden Tropensturm die Energie entzogen wird und er sich gar nicht erst zu einem Hurrikan entwickeln kann. Freilich würde allein ein solcher Test zehn Millionen Dollar kosten. Und auch die andere erwogene Methode, umweltverträgliche chemische Verbindungen über dem Atlantik zu versprühen, um ihm Wärmeenergie zu entziehen und dadurch Hurrikans auszuhungern oder abzulenken, erscheint fragwürdig. Denn selbst wenn eine Ablenkung gelingen sollte, wäre das Problem nicht gelöst. Träfe zum Beispiel ein ursprünglich für Louisiana erwarteter Hurrikan nun stattdessen in Texas oder in Mexiko ein, wären mit Sicherheit hohe Schadenersatzklagen die Folge. So werden sich derartige Visionen erfolgreicher Hurrikan-Bekämpfung wohl vorerst nicht verwirklichen lassen, und wir werden weiterhin mit den Monstern leben müssen.

Die Zerstörung von Agadir

Marokko, 29. Februar 1960

Nach den verheerenden Erdbeben vom Juni 217 v. Chr. und Juli 365 n. Chr. kommt Nordafrika nicht zur Ruhe. Immer wieder ist es von heftigen Erdstößen betroffen. Eine der schwersten Erdbebenkatastrophen der jüngeren Geschichte ereignet sich in der Nacht zum 1. März 1960. An diesem Tag wird die 1505 von portugiesischen Seefahrern gegründete und heute über 600 000 Einwohner zählende Hafen- und Touristenstadt Agadir in Marokko fast vollständig zerstört. Zu dieser Zeit misst man die Stärke von Erdbeben bereits nach der 1953 von dem amerikanischen Seismologen Charles F. Richter entwickelten Richterskala, einer logarithmisch aufgebauten Messtabelle: Der Energieausstoß steigt mit jedem Punkt auf der nach oben offenen Richterskala um das Zehnfache an. Ein Erdbeben der Stärke sieben ist folglich zehnmal so stark wie ein Beben der Stärke sechs. Es hat in der Menschheitsgeschichte schon Beben der Stärke 8 bis 9 gegeben; das Seebeben vor Sumatra im Dezember 2004 erreicht beispielsweise den Wert 9,0, während das Beben von Agadir 1960 »nur« die Stärke von 5,7 aufweist. Damit entspricht es aber immer noch der gewaltigen Explosionskraft von 1000 Tonnen TNT. Rund drei Viertel aller Gebäude stürzen ein, und etwa 14 000 Menschen müssen ihr Leben lassen.

Es hätte bestimmt noch mehr Tote gegeben, wenn nicht bereits 24 Stunden vor dem fatalen Ereignis ein leichteres Beben stattgefunden hätte, das die Erde erzittern ließ und wie eine Vorwarnung wirkte. Viele der 50 000 Einwohner verlassen die Stadt, auch zahlreiche Touristen. Eine zweite Erdbebenwelle sorgt für weitere Verunsicherung. Dann schlägt am Abend eine dritte Welle mit unglaublicher Kraft zu. Das Beben dauert kaum länger als zehn Sekunden.

Der Erdboden wird eineinhalb Meter tief aufgerissen und dann wieder zusammengeschoben. Aus tiefen Kratern, die sich am Meeresboden bilden, steigen heiße Dampffontänen auf. Innerhalb weniger Sekunden fallen die Luxushotels, in denen Europäer und Amerikaner ihren Urlaub verbringen, wie Kartenhäuser zusammen. Bürogebäude, Appartements, Märkte und Moscheen stürzen ein. Auch die von den Portugiesen erbaute alte Kasbah, die Burg über der Altstadt, fällt in sich zusammen. Nur die Umfassungsmauern bleiben stehen. Das pompöse gläserne Rathaus wird ebenso schwer beschädigt wie der neue, prächtige Gouverneurspalast hoch droben auf dem Berg über der Stadt. Der Gouverneur verliert in dieser Nacht drei Söhne. Sämtliche Feuerwachen werden zerstört und fast alle Feuerwehrleute getötet. Die Wasserleitungen bersten, sodass die entstehenden Brände nicht gelöscht werden können. Auch die Abflussrohre platzen und geben Zehntausende Ratten frei, die nun die Stadt bevölkern und für Seuchengefahr sorgen.

Ein enger Ring marokkanischer Militärtruppen sperrt Agadir ab und kontrolliert die Quarantäne über die Stadt. Zum ersten Mal hilft auch die noch junge deutsche Bundeswehr: Deutschland entsendet Sanitätssoldaten. Insgesamt werden 800 Sanitäter aus aller Welt eingesetzt. Sie tragen Schutzmasken und sprühen Desinfektionsmittel über die Trümmerfelder. Die Toten birgt man erst später; 4000 Opfer werden in Massengräbern beigesetzt. Die meisten Menschen kamen nicht durch die einstürzenden Gebäude um, sondern durch die mächtige Flutwelle, die mehr als 300 Meter landeinwärts vordrang und alles niederwalzte. Einige Menschen können noch lebend geborgen werden: Eine verschüttete schwangere Französin wird nach 72 Stunden aus den Trümmern eines Hauses gezogen und gebiert gleich darauf ein Kind.

Agadir besteht nach dem Beben nur noch aus Ruinen. Und es dauert Jahrzehnte, bis es wieder aufgebaut ist. Ein Pilot, der in seinem Flugzeug über der zerstörten Stadt kreist, notiert: »Es sah aus, als ob der Fuß eines Riesen die ganze Stadt plattgedrückt hätte.«

Die Nacht, in der die Deiche brachen

Hamburg, 16./17. Februar 1962

Südlich von Island bilden sich schon seit Tagen immer neue Sturmtiefs. Sie ziehen bei großen Temperaturgegensätzen quer über die
Nordsee nach Skandinavien. Am 15. Februar 1962 entsteht ein besonders kräftiges Orkantief, das sich über dem Nordmeer immer
mehr verstärkt und Richtung Ostsee fortbewegt. Die dazugehörige
Kaltfront überquert Norddeutschland am späten Nachmittag des
16. Februar mit heftigen Stürmen, schweren Gewittern und Regenfällen. Hinter der Kaltfront dreht der Wind auf Westnordwest
und erreicht mit Böen bis zu 200 km/h Orkanstärke 13. Das hätte
ein Alarmzeichen für die Hansestadt Hamburg sein müssen. Denn
bei dieser Windrichtung wird immer mehr Wasser in die Elbmün-
dung gedrückt. Gigantische Wassermassen treiben auf die Küste
zu. Doch der Norddeutsche Rundfunk unterbricht sein Fernseh-
programm erst um 20.30 Uhr mit der Warnung vor einer schweren
Sturmflut.

Bereits um 22 Uhr übersteigt das Wasser in Cuxhaven die Deiche
und strömt in die Innenstadt. In Hamburg erkennt man erst jetzt den
Ernst der Lage und verhängt den Ausnahmezustand über die Stadt.
Die Bevölkerung wird jedoch viel zu spät informiert. Vor allem in
den tief gelegenen Gartenkolonien von Kirchwerder, Neugraben und
Wilhelmsburg schlafen die meisten Menschen, als kurz nach Mitternacht der erste Deich bricht. Im Schlaf von den plötzlich herein-
brechenden Wassermassen überrascht, retten sich viele Menschen
auf die Dächer ihrer Häuser. Die Insel Krautsand wird für mehrere
Tage gänzlich von der Außenwelt abgeschnitten. Gegen 4 Uhr mor-
gens sind bereits 60 Deiche in und um Hamburg gebrochen, und 20
Prozent der Stadt stehen unter Wasser. Bei Temperaturen um null

Grad sitzen 70 000 Menschen durchnässt auf ihren Dächern oder in Bäumen und warten auf Rettung. Für sie und die 20 000 eingesetzten Hilfskräfte, vornehmlich Bundeswehrsoldaten, werden die folgenden Stunden zu einem Wettlauf gegen die Zeit. Strom, Gas und Wasser fallen aus; die Nachrichtenverbindungen brechen zusammen. Verzweifelt versuchen Helfer, die gefährdeten Stellen durch Sandsäcke abzudichten und Gebäude und Bewohner zu schützen.

Bei diesen extremen Windverhältnissen dürften Hubschrauber eigentlich gar nicht starten. Doch mutige Besatzungen fliegen Dauereinsätze. Sie evakuieren 18 000 Menschen und versorgen die bedrohte Bevölkerung in der Stadt mit Lebensmitteln. Für zahlreiche Einwohner kommt jede Hilfe zu spät. Allein im niedrig gelegenen Wilhelmsburg sterben in dieser Nacht 222 Menschen. Taucher bergen die Leichen aus den überfluteten Häusern. Helmut Schmidt, zu diesem Zeitpunkt Innensenator, koordiniert die umfangreichen Rettungsaktionen. Die Bevölkerung nennt ihn später den »Retter von Hamburg«. Der Orkan ist schon nach wenigen Stunden vorbei, an der ganzen Nordseeküste hält das Hochwasser jedoch noch mehrere Tage an. Auch Bremen wird überflutet; in Schleswig-Holstein und in Niedersachsen werden fruchtbare Anbauflächen unbrauchbar. Viele Rinder verenden in den Fluten. Da das Wasser nicht ablaufen kann, werden die Felder zu regelrechten Sümpfen, die selbst nach einigen Monaten noch nicht trockengelegt sind.

Während der Hochwasserkatastrophe – eine der schlimmsten, die Deutschland im 20. Jahrhundert heimgesucht haben – finden insgesamt 343 Menschen den Tod. Allein in Hamburg ertrinken 281 Menschen. Eine halbe Million wird obdachlos. Der finanzielle Schaden ist immens. Nach der Katastrophe wird ein Untersuchungsausschuss eingesetzt, der versucht, die Ursachen der Katastrophe zu ergründen. Es wird klar, dass man die Höhe der Sturmflut zunächst völlig falsch eingeschätzt hat: Mit einem Pegelstand von 5,70 Metern hat in Hamburg niemand gerechnet. Konkretes menschliches Versagen kann der Ausschuss jedoch nicht nachweisen, weshalb er nach 19 Monaten seine Arbeit einstellt. Man zieht Lehren aus dem großen Unglück: In den nachfolgenden Jahren wird der Sturmflutschutz kräftig ausgebaut. Deiche und Hochwasserschutzwände werden erhöht und erweitert. In der Hansestadt Hamburg wird das Hochwasserschutzprogramm 550 Millionen Euro verschlingen, bis es im

Jahr 2009 endlich abgeschlossen ist. Nun ist die Deichlinie in Hamburg über 100 Kilometer lang.

Aktuelle Sturmflutmerkblätter werden jedes Jahr neu erstellt und zur besseren Vorbereitung der betroffenen Bevölkerung in den gefährdeten Gebieten verteilt. Diese Maßnahmen können nicht früh genug getroffen werden, wie weitere Sturmfluten in Hamburg zeigen: Nach dem 17. Februar 1962 wird die Sturmfluthöhe von 5,70 Meter über dem Normalstand ganze neun Mal übertroffen. Der bisherige Wasserhöchststand wird am 3. Januar 1976 mit 6,45 Metern erreicht. Doch dank der getroffenen Vorsorge bleibt der Stadt eine weitere Flutkatastrophe erspart. Die erhöhten und verstärkten Deiche halten. Und auch die hohen Wasserstände vom 28. Januar 1994 und 10. Januar 1995 mit jeweils 6,02 Metern sowie die am 6. Dezember 2013 vom Orkantief »Xaver« ausgelöste schwere Sturmflut mit einem am Pegel St. Pauli gemessenen Wasserstand von 6,09 Metern verursachen keine Überschwemmungen.

655 000 Tote in Tangshan und Tientsin

China, 28. Juli 1976

Die indische Erdplatte schiebt sich seit Urzeiten nordostwärts und kollidiert ebenso wie die pazifische Erdplatte mit der asiatischen. Die enorme Kraft, die dabei frei wird und die Erdoberfläche verändert, war groß genug, um die höchsten Berge der Erde entstehen zu lassen: den Himalaya. In China hat es seit dem großen Beben des Jahres 1556 mit 830 000 Toten viele Erdbeben gegeben. Diese haben in der Kultur und der Wissenschaft des riesigen Landes schon immer eine bedeutsame Rolle gespielt. Das ist auch einer der Gründe, warum es gerade ein Chinese war, der als Erster einen funktionierenden Seismografen erfunden hat.

Am 16. Dezember 1920 fordert ein Beben der Stärke 8,6 in Gansu 200 000 Todesopfer. Allein 20 000 Menschen, die durch die Katastrophe obdachlos geworden sind, sterben in dem strengen Winter an den Folgen von Erfrierungen. Noch entsetzlicher und in den tödlichen Auswirkungen noch gravierender ist das Tangshan-Beben vom 28. Juli 1976. Es hat diesen Namen erhalten, weil die 140 Kilometer südöstlich von Peking gelegene Industriestadt Tangshan mit über einer Million Einwohnern vollkommen dem Erdboden gleichgemacht wurde. Die Stadt befand sich direkt über dem Epizentrum des Bebens, das 22 Kilometer unter der Erdoberfläche lag.

Das Tangshan-Beben gilt als die schwerste Naturkatastrophe des 20. Jahrhunderts. Über 655 000 Tote und 780 000 Verletzte sind zu beklagen. Das ist die bisher zweithöchste Opferzahl eines Erdbebens in der Geschichte der Menschheit. Nach den offiziellen Angaben Chinas sollen nur 242 419 Menschen umgekommen sein, doch diese Zahl ist aus propagandistischen Gründen geschönt. Die Katastrophe hat sogar politische Folgen: Nach altem chinesischen Glauben sind

Naturkatastrophen ein Zeichen des Himmels. Insbesondere Erdbeben werden als böses Omen für die Regierenden gedeutet. Die Wahlverluste, die die Kommunistische Partei kurz darauf erleidet, werden deshalb von den Politikern auf dieses Erdbeben zurückgeführt.

Die Zahl der Opfer ist vor allem deshalb so hoch, weil das Beben die Menschen mitten in der Nacht überrascht. Fast jeder in Tangshan schläft, als sich die Erde auftut und die Häuser in sich zusammenfallen. Viele Einwohner werden im Schlaf erschlagen oder verschüttet. In den nahe gelegenen Kohleminen werden die meisten Bergarbeiter eingeschlossen. Einige können erst nach Tagen befreit werden. In Tangshan erinnert heute eine Stele auf dem Hauptplatz im Zentrum an das große Beben. Die Schäden erreichen eine Höhe von Hunderten Millionen Dollar. Auch die Fünfmillionenstadt Tientsin wird verwüstet. Und selbst im 140 Kilometer entfernten Peking stürzen Mauern und Gebäude ein und begraben Menschen unter sich. In der vom Beben betroffenen Region werden 5,3 Millionen Häuser unbewohnbar. Nachbeben mit Stärken bis zu 7,1 fordern weitere Tote.

1976 ist eines der katastrophalsten Erdbebenjahre überhaupt: Auch in Guatemala, Italien, im Iran, in der Türkei und auf den Philippinen ereignen sich schwere Beben mit zusammen über 40 000 Toten. Doch die Katastrophe von Tangshan stellt mit ihrer enormen Opferzahl alle anderen Erdbeben dieses Jahres weit in den Schatten.

Furchtbares Beben am Feiertag

El Asnam, Algerien, 10. Oktober 1980

Katastrophen kennen keinen Kalender. Auch an Feiertagen suchen sie die Menschen heim – so wie am 10. Oktober 1980 in der algerischen Stadt El Asnam, einer alten, von den Römern gegründeten Siedlung. Sie liegt etwa 200 Kilometer westlich der heutigen Hauptstadt Algier. Als die Franzosen 1843 in den Ort einrücken, nennen sie ihn Orléansville. Seit der Unabhängigkeit Algeriens im Jahr 1964 trägt die Stadt ihren arabischen Namen. Sie hat sogar eine Universität und ist das Zentrum einer reichen Region, in der intensiv Landwirtschaft betrieben wird. In der City und den Vororten leben 1980 mehr als 150 000 Einwohner, in der ländlichen Umgebung noch einmal 50 000. Seit 1954, dem Jahr, in dem die Stadt schon einmal von einem schweren Erdbeben erschüttert wurde, hat sich die Bevölkerung verdreifacht – die Bewohner haben das erdbebengefährdete Gebiet nicht verlassen. Im Gegenteil, sie bauen ihre zerstörten Häuser an alter Stelle wieder auf. Und viele neue Gebäude kommen hinzu.

Der 10. Oktober 1980 ist ein Freitag und in El Asnam ein muslimischer Festtag. Die meisten Menschen arbeiten nicht, sie sind daheim bei ihren Familien. Kurz nach 12.30 Uhr mittags (13.30 Uhr algerischer Zeit) erschüttert ein wuchtiger, nur etwa 40 Sekunden andauernder Erdstoß El Asnam. Er hat eine Stärke von 7,3 und rüttelt die ganze Stadt durch. Breite Risse tun sich in der Erde auf. Am Nachmittag, um 16.30 Uhr algerischer Zeit, folgt ein zweiter Erdstoß der Stärke 6,5 nach. Das etwa zehn Kilometer tiefe Epizentrum des Bebens liegt 15 Kilometer nordöstlich von El Asnam nahe der Ortschaft Beni Rached. Hier ist ein seltsames Phänomen zu beobachten: Obwohl sich der Herd des Bebens unmittelbar unter dem Ort befindet, werden seine meist einstöckigen Steinhäuser mit den schweren

Ziegeldächern nur wenig beschädigt. Außer Rissen in den Wänden und einigen heruntergefallenen Ziegeln sind keine Zerstörungen festzustellen. Manche Häuser bleiben sogar völlig unbeschädigt, darunter eine Moschee mit einem hohen Minarett. Anders sieht es dagegen in El Asnam aus, der Hauptstadt der Provinz Chlef. Hier ist der Schaden enorm. Über 50 Prozent aller Häuser sind vollkommen eingestürzt, darunter viele öffentliche Gebäude wie das Rathaus, das Polizeihauptquartier, ein Krankenhaus, eine Mädchenschule und eine Moschee. Auch der »Ain-Nasser-Markt« im Zentrum der Stadt, ein großes, modernes Einkaufszentrum mit einem eleganten mehrstöckigen Appartementkomplex, ist nur noch ein Ruinenfeld. Allein hier sterben etwa 3000 Menschen unter den Trümmern. Darunter sind viele allein gelassene Kinder, deren Eltern sich zum Beten in den Moscheen aufhalten. Ebenso stürzen alle 1509 Räume eines vierstöckigen Cityhotels in sich zusammen und begraben zahlreiche ausländische Touristen. Ein aus Algier kommender Zug wird nahe El Asnam von den Gleisen geschleudert, als sich unter ihm plötzlich Erdrisse auftun. Die meisten Passagiere sterben. Am nächsten Tag, dem 11. Oktober 1980, folgen drei kleine Beben nach, und am 12. Oktober noch zwei weitere. Die überlebenden Einwohner fliehen in Panik aus der Region. Insgesamt kommen etwa 6000 Menschen um, rund 250 000 verlieren ihr Zuhause.

Die Rettungsmaßnahmen sind anfangs schlecht organisiert. Die allgemeine Panik erfasst auch die Behörden, die zunächst viel zu hohe Opferzahlen – zwischen 17 000 und 25 000 – veröffentlichen. Algerien bittet die Welt um Hilfe, und die meisten europäischen Länder reagieren sofort. Deutschland schickt Blutplasma, medizinisches Material sowie Decken und Zelte, die Schweiz eine Abteilung der Bergrettung. Aus Frankreich kommen speziell ausgebildete Feuerwehrleute und Suchhunde, und aus der Sowjetunion Krankenschwestern. Noch zwei Wochen nach dem Beben werden sechs Überlebende aus einem eingestürzten Café geborgen, nachdem sie sich 14 Tage lang nur von Limonade ernährt haben.

Damit die Stadt nicht ständig an das große Beben vom Oktober 1980 erinnert, erhält El Asnam ein Jahr später einen neuen Namen. Die wieder aufgebaute Stadt heißt jetzt Ech Cheliff und ist bis zum Jahr 2005 auf 235 000 Einwohner angewachsen. Die Gefahr weiterer Erdbebenkatastrophen hält die Menschen offenbar nicht davon ab, im bedrohten Norden Algeriens sesshaft zu werden. Dieser liegt genau auf der Grenze zwischen der afrikanischen und der eurasischen Kontinentalplatte. Die afrikanische Platte bewegt sich in diesem Gebiet durchschnittlich sechs Millimeter pro Jahr in nordwestliche Richtung. Dadurch bauen sich hier in der Erdkruste permanent tektonische Spannungen auf, die sich immer wieder in schweren Erdbeben entladen.

So bebt die Erde am Morgen des 9. August 1994 im nordwestlichen Algerien mit einer Stärke von 5,6 erneut und zerstört in den umliegenden Dörfern 10 000 meist aus Lehmziegeln und Stroh errichtete Häuser. In Mascara und der Provinzhauptstadt Oran werden zahlreiche Menschen getötet. Und am 21. Mai 2003 trifft ein weiteres Erdbeben der Stärke 6,7 hauptsächlich die Region nordöstlich von Algier und fordert 2200 Opfer. Die betroffene Bevölkerung protestiert gegen die Regierung und wirft ihr Versäumnisse im Katastrophenschutz und bei den Hilfsmaßnahmen vor. Die Zukunft wird zeigen, ob man aus den Fehlern gelernt hat und nun besser gewappnet ist. Denn die nächste große algerische Erdbebenkatastrophe folgt bestimmt.

Eine Welle erschüttert die Welt

Südostasien, 26. Dezember 2004

An einem anderen Feiertag, dem zweiten Weihnachtsfeiertag des Jahres 2004, kommt der Tod urplötzlich und fast lautlos, aber mit solcher Wucht, dass es für Hunderttausende Menschen kein Entrinnen gibt. Am Vormittag dieses Tages (Ortszeit) naht er in Gestalt einer gigantischen Flutwelle. Diese verwüstet die schönen Küsten Südostasiens, wo gerade zahlreiche Touristen aus aller Welt ihren Weihnachtsurlaub verbringen, und löst angesichts der grauenvollen Opferbilanz einen weltweiten Schock aus. Die Katastrophe hat ein wahrhaft riesiges Ausmaß: Ihre Ursache ist ein Seebeben der Stärke 9. Es hält den ganzen Tag lang an und versetzt die gesamte Erdkugel in Eigenschwingungen. Das gigantische Beben hat die Kraft von mehr als 6000 Hiroshima-Atombomben und verrückt ganze Inseln vor der Küste Indonesiens. Amerikanische Wissenschaftler haben errechnet, dass die Energie, die der Riesen-Tsunami freigesetzt hat, dem Energieverbrauch der gesamten USA innerhalb von sechs Monaten entspricht.

Über eine Länge von 1000 Kilometern senkt sich der Indische Ozean um etwa zehn Meter ab. Parallel zum Sundagraben verläuft nun eine etwa 1500 Kilometer lange Bruchlinie durch die Inselwelt. Sie trennt die Hebungen von den Senkungen. Alle Inseln östlich dieser Linie, also in Richtung asiatisches Festland, haben sich um ein bis zwei Meter gesenkt. Westlich dieser Linie haben sich die Inseln jedoch um bis zu zwei Meter gehoben: Vor dem Beben befanden sich die ihnen vorgelagerten Korallenriffe selbst bei Ebbe unter Wasser. Nun ragen sie auch bei Flut aus dem Wasser. Das ist auf Fotos, die der amerikanische Satellit »Aster« kurz nach dem Beben aufgenommen hat, deutlich zu erkennen.

Die großen Fortschritte in Wissenschaft und Technik wiegen die Menschen in dem trügerischen Glauben, sie hätten die Welt fest im Griff. Doch die Katastrophe vom 26. Dezember 2004 macht wieder einmal deutlich, dass das nicht der Fall ist – auch im 21. Jahrhundert ist der Mensch derartigen Naturgewalten hilflos ausgeliefert. Die Erde unter unseren Füßen brodelt. Sie bebt und speit Feuer. Mehr als 4000 Beben erschüttern in jedem Jahr unseren Planeten. Doch ein Beben der Stärke vom 26. Dezember 2004 ist im letzten Jahrhundert nur vier Mal auf der Erde gemessen worden. In 3000 Kilometern Tiefe blubbert und wabert ihr glühend heißer Kern. Die äußere Schicht der Erde, sozusagen ihre Kruste, besteht aus sieben größeren und zwölf kleineren, fast 100 Kilometer dicken Platten, auf denen die nur 40 Kilometer dicken Kontinente sitzen. Sie driften an diesen Platten entlang und stoßen immer wieder mit ihnen zusammen. Für diese ständige Bewegung ist nach den Erkenntnissen vieler Geologen und Geophysiker die enorme Hitze im Erdinneren verantwortlich.

Im Indischen Ozean reiben sich zwei tektonische Plattensysteme kontinuierlich aneinander. Die indisch-australische Platte wandert pro Jahr sechs bis acht Zentimeter nach Nordosten und schiebt sich unter die eurasische Platte. Das Gestein kann dieser Bewegung nicht überall folgen. Es verhakt sich, und es kommt zu Spannungen, die sich ruckartig lösen können. Wenn das wie am 26. Dezember 2004 geschieht, bebt die Erde. Die Region um Sumatra liegt genau auf dieser »Subduktionszone«. In diesem Epizentrum wird der Meeresboden unter dem Kontinent verschluckt. Der Meeresgrund wird zunächst nach unten gedrückt. Dann federt er zurück und hebt sich und die darüber liegenden Wassermassen plötzlich um etwa 20 Meter an – die »Killerwelle« entsteht, ein riesiger Tsunami, der sich mit der Geschwindigkeit eines Passagierflugzeugs über den ganzen Ozean ausbreitet. In einer Wassertiefe von 6000 Metern hat die Welle eine Geschwindigkeit von etwa 800 km/h. In 2000 Metern Tiefe ist sie 500 km/h schnell, in 200 Metern Tiefe 150 km/h und in 20 Metern Tiefe noch 50 km/h. Jedes Mal, wenn die Welle auf den Meeresgrund trifft, nimmt sie mehr Energie auf und wird größer. Zum Ufer hin wird sie immer stärker abgebremst. Sie baut sich mehr und mehr auf, erreicht eine Höhe von bis zu 30 Metern und bricht sich dann mit verheerender Kraft an der Küste.

Indonesien, Thailand, Malaysia, Sri Lanka, die Ostküste Indiens und die Malediven werden schwer getroffen. Die Flutwelle im Indischen Ozean legt über 4500 Kilometer zurück und bringt auch der ostafrikanischen Küste Tod und Verwüstung. An der Küste Somalias und am Horn von Afrika werden Hunderte Menschen getötet, ganze Dörfer verschwinden. Mit am stärksten betroffen ist Thailand, vor allem das Touristengebiet auf der Ferieninsel Phuket, wo sich auch viele deutsche Urlauber aufhalten. Menschen, Fahrzeuge und Häuser werden hinaus aufs offene Meer gerissen. Schiffe liegen kieloben mitten im Ort. Panik bricht aus, es kommt zu Plünderungen. Die Menschen wollten einen Urlaub wie im Paradies verbringen und erleben nun die Apokalypse. Innerhalb weniger Sekunden werden Ferienparadiese zur Hölle. Der Urlaubstraum unter Palmen wird zum Albtraum.

Der 38-jährige Hamburger Augenzeuge Christian Bölckow steht mit seiner Frau auf einer Klippe über dem Karon Beach. »Es war unheimlich friedlich«, berichtet er am nächsten Tag gegenüber der Presse. »Das Wetter war schön, wir hatten keine Brandung.« Dann fegt plötzlich die erste Welle den Strand leer. »Ich sah, wie das Wasser regelrecht weggesogen wurde, bevor sich die zweite Welle von Süden nach Norden mit großer Kraft aufbaute. Ein Auto schaukelte wie ein Spielball auf den Wellen.« Und dann fügt er hinzu: »Ein englisches Ehepaar lag am Pool eines Hotels, als die erste Welle kam. Beide rannten in unterschiedlichen Richtungen davon. Danach hat er sie nicht mehr gesehen.« In den von den Wassermassen zerstörten Gebieten brechen Seuchen aus, weil die in der Tropenhitze stark verwesten Leichname nicht rasch genug geborgen und beerdigt werden können. Es dauert Wochen und Monate, bis alle identifiziert sind. Über 300 000 Tote sind zu beklagen, darunter über 500 Deutsche. In Indonesien sterben mehr als 170 000 Menschen. Allein auf Sumatra kommen über 80 000 Menschen um, in Sri Lanka mindestens 30 000. Die Trinkwasserversorgung von Millionen Menschen ist zerstört.

Die indische Stadt Cuddalore, 180 Kilometer südlich von Madras, wird vollkommen überflutet. Fast die Hälfte der Toten in dieser Stadt sind Kinder. Weinende Eltern betten sie in Massenbegräbnissen zur letzten Ruhe. Viele Leichen werden auf improvisierten Scheiterhaufen verbrannt. Überall im Küstengebiet liegen tote Menschen. Helfer bringen die Körper aus Kanälen und überschwemmten Feldern fort, über denen die Geier kreisen. Auch auf den indischen Inselgruppen der Andamanen und Nicobaren sterben Zehntausende. Die letzten steinzeitlichen Eingeborenenstämme der Erde, die auf den Inseln als Jäger und Sammler leben, überstehen wie durch ein Wunder die Katastrophe. In Sri Lanka zerschmettert der Tsunami einen Zug, der auf der Fahrt von der Hauptstadt Colombo nach Galle ist. Hunderte von Toten werden geborgen, es ist ein Bild des Grauens. Am 30. Dezember 2004 versetzt ein Nachbeben der Stärke 5,7 vor der indischen Küste die notleidenden Menschen in erneute Panik: Um 12.20 Uhr zieht sich das Wasser über einen Kilometer zurück ins Meer, um Minuten später mit voller Wucht in das Land einzudringen. Aus dem Küstenbezirk Kanyakumari werden 30 000 Menschen auf Lastwagen evakuiert.

Die von der Jahrhundert-Tragödie betroffenen Länder erleben eine beispiellose Solidarität der Menschen in aller Welt. Von überall her treffen Spenden und Hilfe ein. Die internationale Gemeinschaft startet die bisher umfassendste Hilfsaktion der Menschheitsgeschichte. Die deutsche Bundesregierung stellt sofort zwei Millionen Euro zur Verfügung und sagt weitere 500 Millionen zu. Damit liegt Deutschland an der Spitze aller Geberländer. Die Bundeswehr schickt ein Versorgungsschiff ins Katastrophengebiet, und die deutsche Luftwaffe startet ununterbrochen Versorgungsflüge. Zahlreiche deutsche Firmen und viele Menschen im ganzen Land spenden weitere Millionen. Bereits zu Beginn des Jahres 2005 sind weltweit mehr als drei Milliarden Euro zusammengekommen. Außerdem wird beschlossen, auch im Indischen Ozean umgehend ein Tsunami-Frühwarnsystem aufzubauen, das es dort unverständlicherweise – anders als zum Beispiel im Pazifik – vor der Katastrophe noch nicht gab. Mit einem solchen System können seismische Primärwellen erkannt werden, die sich doppelt so schnell ausbreiten wie Sekundärwellen. Je nach Entfernung des Erdbebenherdes bleibt nach dem ersten Signal von Primärwellen ein wenig Zeit, einen Alarm auszulösen.

Ein solches System hätte die Katastrophe zwar nicht verhindern können, denn niemand ist in der Lage, den genauen Zeitpunkt für eine akute Gefahr vorauszusagen. Doch mit Sicherheit wäre die Zahl der Opfer geringer gewesen, weil viele Menschen sich bei rechtzeitiger Warnung vor den Monsterwellen in Sicherheit hätten bringen können. Bereits elf Wochen nach der verheerenden Flut übergibt die deutsche Bundesforschungsministerin ein vom Geoforschungszentrum Potsdam entwickeltes, 45 Millionen teures Warnsystem an Indonesien. Es bietet den zu diesem Zeitpunkt höchsten technologischen Standard und die schnellste Warnung vor den Flutwellen. Neu entwickelte Bojen und Sensoren am Meeresboden erfassen die Wellenbewegungen und übertragen die Daten an Rechenzentren. Von dort können die Warnungen zum Beispiel per Internet weitergegeben werden. Im Herbst 2005 werden die ersten Bojen vom Forschungsschiff »Sonne« ausgesetzt. Später sollen Satelliten die Überwachung vornehmen.

Im ganzen Jahr 2005 kommt Indonesien nicht zur Ruhe. Im »Sunda-Bogen« ereignen sich eine ganze Reihe von Nachbeben. In der Nacht zum 29. März 2005 fordert ein schweres Erdbeben der Stärke 8,7 vor Sumatra fast 2000 Tote, vor allem auf den indonesischen Inseln Nias und Simeulue. Diesmal werden die Bewohner rechtzeitig gewarnt, viele können sich vor dem Beben in Sicherheit bringen. Eine Flutwelle löst das Beben nicht aus, weil der Meeresboden sich diesmal nur horizontal verschiebt und eine stärkere Auf- oder Abwärtsbewegung, die die Wassersäule darüber ruckartig komprimiert oder dehnt, ausbleibt. Am 10. April 2005 versetzt ein Erdstoß der Stärke 6,8 nahe der Insel Siberut die Menschen erneut in Panik. Die Erschütterungen sind selbst im 600 Kilometer entfernten Singapur noch zu spüren, wo die Hochhäuser ins Schwanken geraten. Führende Wissenschaftler befürchten für die nächsten Jahre weitere schwere Beben in dieser Region. Durch diese kann die gesamte Erdkruste destabilisiert werden, was wiederum Folgebeben nach sich zieht, die oft Tausende Kilometer entfernt sind.

Kolossale Katastrophe in Kaschmir

Das Erdbeben vom 8. Oktober 2005 in Pakistan und Indien

Die Tiere spüren es zuerst. In den Bäumen stoßen die Vögel schrille Schreie aus und stieben in Tausenden von Schwärmen davon. Die Erde grollt dumpf und unheilvoll. Und dann tut sich am Morgen des 8. Oktober 2005, einem Samstag, um 8.50 Uhr im pakistanischen Teil von Kaschmir die Erde auf. Ein Erdbeben der Stärke 7,7 führt zu einer der größten Katastrophen, die Südasien je erlebt hat. Das Beben ist fast auf dem gesamten indischen Subkontinent zu spüren. Seine Ursache ist die Tektonik der eurasischen Erdplatte, die mit der indisch-australischen Platte kollidiert und sich an ihr reibt. An den Plattengrenzen kommt es zu enormen Spannungen, die das Beben der Erde auslösen.

Das Ausmaß der Zerstörungen ist furchtbar. In Balakot, einer rund 100 Kilometer nördlich von Islamabad gelegenen Stadt mit 30 000 Einwohnern, werden fast alle Häuser zerstört. Hier sterben 2500 Menschen. Überall in den Straßen liegen Tote und Verletzte. Der zentrale Basar ist ein Trümmerfeld. Und in einer viergeschossigen Wirtschaftsfachschule kommen 250 Lehrer und Schüler ums Leben. Mit bloßen Händen graben verzweifelte Eltern in den Trümmern nach ihren Kindern. Die pakistanische Hauptstadt Islamabad kommt dagegen verhältnismäßig glimpflich davon: In der City sind die vier zehnstöckigen Appartementtürme der »Margalla Towers« betroffen. Einer stürzt trotz der massiven Betondecken vollkommen in sich zusammen, alle Luxuswohnungen werden zerstört.

Das kolossale Beben, das stärkste in der Region seit 100 Jahren, verwüstet weite Landstriche von Pakistan und Indien. Die Erschütterungen sind von Afghanistan bis nach Bangladesch zu spüren. Für Pakistan ist es die schwerste Katastrophe in der Geschichte des

Landes seit der Gründung des Staates im Jahr 1947. Allein in dem pakistanisch verwalteten Teil von Kaschmir finden mehr als 30 000 Menschen den Tod, und über 42 000 werden verletzt. Etwa 70 Prozent aller Häuser in Kaschmir sind zerstört. Die meisten Toten, über 11 000, gibt es in Muzaffarabad, der Hauptstadt des von Pakistan kontrollierten Teils Kaschmirs. Sie gleicht nach dem Beben einer Geisterstadt, über der Trümmerwüste liegt Verwesungsgeruch. Kein einziges Krankenhaus ist heil geblieben, die Stadt hat weder Strom noch Wasser. »Ich habe die Leiche meiner Ehefrau gefunden«, klagt Muhammad Jalil aus Muzaffarabad unter Tränen, »aber meine drei Kinder liegen noch unter dem Schutt.«

Der pakistanische Staatspräsident General Pervez Musharraf ordnet eine dreitägige Staatstrauer an und bittet die internationale Gemeinschaft in einem dramatischen Appell um Hilfe. Viele Länder, darunter auch die meisten EU-Staaten, stellen sofort Geldmittel zur Verfügung und entsenden Rettungsteams, Zelte und Medikamente. Wenige Tage nach der Katastrophe sind bereits 500 Millionen Euro an Pakistan gezahlt. Sogar Indien, das wegen der umstrittenen Region Kaschmir gegen den Erzfeind Pakistan drei Kriege geführt und selbst fast 1000 Todesopfer zu beklagen hat, bietet seine Hilfe an. Doch die fast 60-jährige Feindschaft hält noch immer an. Die beiden Länder können sich nicht dazu durchringen, bei der Bergung der Opfer zusammenzuarbeiten.

Ganze Dörfer werden durch das Beben ausgelöscht. 45 Nachbeben, die Stärken bis zu 6,3 erreichen, erschweren die Rettungsbemühungen. Vor allem in den Gebirgsregionen der Himalaya-Ausläufer sind die Rettungsaktionen mühsam und schwierig, weil dort keine Transportflugzeuge landen können. Auch Hagel und Regen beeinträchtigen die Retter. Unwetter verhindern, dass Hubschrauber in das Katastrophengebiet fliegen können. Außerdem bedroht eine Kältewelle die schutzlosen, im Freien lebenden Menschen. In den höheren Regionen beginnt es zu schneien. Die bittere Kälte fordert weitere Todesopfer. Doch trotz der Eiseskälte und andauernder Nachbeben, wie das vom 19. Oktober 2005 mit der Stärke 5,8, wollen die Bewohner der entlegenen Bergdörfer an den steilen Hängen des Himalaya ihre verwüstete Heimat nicht verlassen. Sie hungern und plündern die nur schleppend eintreffenden Hilfslieferungen. Aber es gibt auch Wunder: Sechs Tage nach dem Erdbeben bergen Helfer in

Kaschmir das 18 Monate alte Mädchen Balana lebend aus einem völlig zerstörten Haus. Balanas Mutter und zwei Brüder liegen tot unter den Trümmern. Und in Hassa (Pakistan) bergen Soldaten sogar nach mehr als einer Woche die fünfjährige Tajunnissa aus den Trümmern eines Hauses. »Die Mutter hatte schwache Schreie gehört«, berichtet ein Retter. »Wir räumten sofort den ganzen Schutt beiseite. Und nach einigen Mühen fanden wir Tajunnissa. Sie war ohnmächtig und schwach. Aber ihr Herz schlug noch.«

Anfang November 2005 erreicht die Zahl der Todesopfer 80 000. Ebenso viele Menschen, vor allem Kinder, haben zum Teil schwere Verletzungen erlitten. Und etwa 3,3 Millionen Menschen sind obdachlos geworden. Die Not der Erdbebenopfer in Kaschmir veranlasst Indien und Pakistan zu einem historischen Schritt: Sie öffnen die stark gesicherten und 58 Jahre lang geschlossenen Grenzen, um die Hilfe für die Betroffenen zu verbessern.

Eyjafjallajökull – ein alter wilder Riese erwacht

Island, 20. März bis Juli 2010

Der im Deutschen schwer auszusprechende Name des an der äußersten Südküste Islands gelegenen Vulkans bedeutet so viel wie »Inselbergegletscher«. Auf dem 1651 Meter hohen, schroff aus der Sandebene herausragenden Berg mit 700 000 bis 800 000 Jahre altem Gestein thront ein Gletscher, dessen Eiskappe 78 Quadratkilometer bedeckt. Unter ihm schlummert ein Vulkan. Während der Eiszeit wurde er rund ein Dutzend Mal aktiv. Doch in den letzten 2000 Jahren geschah dies nur viermal, sodass es nicht unberechtigt ist, ihn einen schlummernden Riesen zu nennen.

Die erste dieser jüngeren Eruptionen wird auf das Jahr 920 datiert, die zweite auf die Jahre 1612/13. Über sie gibt es bereits die Schilderung eines Augenzeugen, eines Inselbesuchers aus Mähren mit dem Namen Daniel Vetter: Das drei Tage lang anhaltende schreckliche Dröhnen und Krachen aus dem Berg habe ihn an die Schüsse großer Kanonen erinnert, schreibt er. Dann sei der Berg hell aufgelodert und habe Gesteinsbrocken und heiße Lava in einen zu seinen Füßen gelegenen See geschleudert, der dadurch völlig austrocknete und zugeschüttet wurde. Der nächste Ausbruch ereignet sich in mehreren Phasen in den Jahren 1821 bis 1823. Von da an schläft der Riese wieder fast zwei Jahrhunderte lang, bis sich im Frühjahr 2009 erhöhte seismische Aktivitäten mit Tausenden kleinen Erdbeben unter dem Vulkan bemerkbar machen. Zwischen dem 3. und 5. März 2010 werden rund 3000 relativ schwache Erdstöße festgestellt.

Am 20. März 2010 erfolgt kurz vor Mitternacht die erste Eruption. Aus zehn bis zwölf Kratern entlang einer etwa 500 Meter langen Spalte schießen bis zu 150 Meter hohe dünnflüssige Lavafontänen empor. Aus der unmittelbaren Umgebung des Vulkans werden etwa 500 Menschen in Sicherheit gebracht. Am 14. April beginnt ein sehr viel stärkerer Ausbruch im südlichen Teil der mit Eis gefüllten Gipfelcaldera. Als das aufsteigende Magma im Krater mit Gletschereis in Berührung kommt, kühlt es sehr schnell ab und wird dabei in kleine Teilchen zerrissen. Dadurch bildet sich eine riesige, bis zu acht Kilometer hohe Aschewolke. Diese bewegt sich Richtung Osten und erreicht am 16. April Polen. Aufgrund weiterer, bis in den Juli hineinreichender Eruptionsphasen dehnen sich die Aschewolken im Westen über die Nordsee, Großbritannien und Irland aus, im Osten bis nach Zentralrussland und im Süden über den Alpenraum hinaus. Messungen auf der Zugspitze ergeben am 19. April eine achtfache Konzentration von Feinstaubpartikeln im Vergleich zum Normalwert.

In fast ganz Europa wird der Flugverkehr stark beeinträchtigt. Durch die feinen Staubteilchen erblinden die Cockpitscheiben der Flugzeuge, und vor allem die Düsentriebwerke werden beschädigt. In Nord- und Mitteleuropa wird der Flugverkehr, soweit er nach Instrumentenflugregeln erfolgt, ganz oder teilweise eingestellt. Rund 100 000 Flüge werden gestrichen, etwa zehn Millionen Fluggäste sind betroffen. Der dadurch entstehende volkswirtschaftliche Schaden ist enorm, die betroffenen Fluggesellschaften beziffern ihn mit 150 Millionen Euro pro Tag. Doch die Frage, die nicht nur die Menschen auf Island am meisten bewegt, lautet: Ist der Eyjafjallajökull nun wieder eingeschlafen oder sammelt er seit 2010 neue Kraft für einen weiteren Ausbruch mit noch katastrophaleren Ausmaßen?

Super-GAU in Fukushima

Japan, 11. März 2011

Vor der nördlichen Ostküste der japanischen Region Tohoku, etwa 370 km nordöstlich der Neunmillionenstadt Tokio, ereignet sich am 11. März 2011 um 14.46 Uhr Ortszeit (6.46 Uhr mitteleuropäischer Zeit) ein gewaltiges Seebeben. Der Punkt, von dem es ausgeht, liegt in 32 Kilometern Tiefe. Es hat die Stärke von 9,0 der Momenten-Magnituden-Skala, die in der Seismologie seit einigen Jahren überwiegend angewandt wird. Sie hat die früher gebräuchliche Richterskala ersetzt. Das Ende dieser neuen Skala liegt bei 10,6 – einem Wert, bei dem die Erdkruste vollständig auseinanderbrechen würde. Das macht die ungeheure zerstörerische Kraft des Tohoku-Erdbebens deutlich, dem stärksten, das in Japan seit Beginn der dortigen Aufzeichnungen je stattgefunden hat. Es setzt eine Energie frei, die der von 780 Millionen Hiroshimabomben entspricht. Ausgelöst wird das Beben dadurch, dass sich am sogenannten Japangraben die westwärts driftende pazifische Kontinentalplatte ruckartig um etwa fünf Meter unter die südlichsten Ausläufer der nordamerikanischen Platte schiebt und mit ihr zusammen noch weiter nach Westen gegen die eurasische Platte drückt. Wie das Geoforschungszentrum Potsdam später festgestellt hat, wurde die Erdkruste in einer Länge von 400 Kilometern bis in 60 Kilometer Tiefe aufgerissen.

Die Katastrophe kündigt sich bereits am 9. März durch ein Vorbeben der Stärke 7,2 an. In der Nacht zum 10. März folgen drei weitere Beben der Stärke 6,0 nach. Am Mittag des 11. März (Ortszeit) beginnt das Hauptbeben mit kräftigen Auf- und Abwärtsbewegungen des Erdbodens. Sie gehen nach etwa einer halben Minute in rollende Horizontalbewegungen über, vergleichbar der Bewegung eines Bootes bei mittlerem Seegang. Das Hauptbeben dauert insgesamt nur rund

155

fünf Minuten, hat aber bis in den Nordosten des Großraums Tokio hinein schwerste Auswirkungen. In der japanischen Hauptstadt geraten 297 Häuser in Brand, und die Mastspitze des 332,6 Meter hohen »Tokyo Tower« verbiegt sich sichtbar. Etwa 500 kleinere und größere Nachbeben dauern bis zum 18. April an. Das Hauptbeben löst zwei weitere Katastrophen aus: einen 10 Meter hohen Tsunami, dessen Flutwelle an einigen Stellen sogar 38 Meter hoch gewesen sein soll, sowie schwere Unfälle in mehreren Kernkraftwerken Ostjapans, insbesondere am küstennahen Standort Fukushima Daiichi.

Auf Hunderten Kilometern Länge und zehn Kilometern Breite wird der östliche Küstenstreifen Japans (mit einer Gesamtfläche von 470 Quadratkilometern) überflutet. Mit der Geschwindigkeit eines Düsenjets prallt die Riesenwelle auf die Küste, dringt weit ins Innere der Insel vor und spült Autos und Häuser ins Meer sowie große Schiffe an Land. Etwa 60 Städte erleiden schwere Verwüstungen. Allein in Ishinomaki werden 28 000 Gebäude zerstört, über 5700 Menschen sterben oder sind vermisst. In Sendai wird 70 Minuten nach dem Beben der Flughafen überflutet und muss den Betrieb einstellen. Auch Richtung Osten breitet sich der Tsunami aus, überquert mit 800 km/h den Pazifik, erreicht die Westküste der USA und richtet noch im weit entfernten Kalifornien Schäden zwischen 30 und 40 Millionen Dollar an. An den Küsten von Mexiko, Ecuador, Peru und Chile ist die heranrollende Flutwelle noch über einen Meter hoch.

In Japan werden rund 375 000 Gebäude sowie Tausende von Straßen und Brücken zerstört. Über 6000 Männer, Frauen und Kinder werden zum Teil schwer verletzt. Mehr als 18 000 Menschen, von denen man 2636 bis heute nicht gefunden hat, kommen ums Leben. Die Leichen werden in Massengräbern beigesetzt, denn für die in Japan traditionelle zeremonielle Einäscherung ist keine Zeit. Im kleinen Fischerdorf Onagawa, in dem die Flut 800 Einwohner mitgerissen hat, werden noch drei Jahre später 250 Personen vermisst. Eine davon ist die damals 47-jährige Frau des Busfahrers Yasuo Takamatsu. Er hat die Suche nach ihr bis heute nicht aufgegeben. Immer wieder fährt er mit einem Boot hinaus aufs Meer und taucht in die Tiefe – in der Hoffnung, die Leiche zu finden, um sie endlich bestatten zu können. Kurz nach dem ersten Beben war seine Frau zusammen mit Kollegen auf das Dach der örtlichen Bank geflüchtet. Dort fand man später ihr Handy mit einer nicht mehr abgeschickten SMS an ihren Mann, die nur zwei Worte enthielt:»Riesiger Tsunami«.

Das Atomkraftwerk Fukushima I wird von einer 15 Meter hohen Tsunami-Welle überrollt. Alle sechs Reaktoren stehen bis zu fünf Meter unter Wasser. In mehreren Reaktorblöcken kommt es zur Kernschmelze. Um 15.42 Uhr Ortszeit, etwa eine Stunde nach Beginn des Bebens, meldet der Betreiber des Kernkraftwerks einen nuklearen Notfall. Und nachdem auch aus anderen Kernkraftwerken, insbesondere aus Fukushima II, Notfallberichte eingetroffen sind, ruft die japanische Regierung um 19.03 Uhr den nuklearen Notfallzustand aus. In vier Kernkraftwerken werden sofort insgesamt elf Reaktorblöcke abgeschaltet. Da jedoch auch die Notstrom-Dieselgeneratoren ausgefallen sind und deshalb die heruntergefahrenen Reaktoren nicht nachgekühlt werden können, kommt es in fünf Blöcken zu einem starken Anstieg der Temperatur. Das Kühlwasser verdampft und es bildet sich Knallgas. Heftige Explosionen zerstören die äußeren Hüllen der Reaktorblockgebäude.

Am 18. März ruft die japanische Atomaufsichtsbehörde die Unfallstufe 4 (»Unfall mit weitreichenden Konsequenzen«) aus und erhöht sie am 12. April auf die höchste Skalastufe 7 (»katastrophaler Unfall«). Diese wurde bisher nur 1986 bei der (ausschließlich durch menschliches Versagen verursachten) Katastrophe im ukrainischen Kernkraftwerk Tschernobyl erreicht. Die austretende radioaktive Strahlendosis steigt zeitweise auf das 16-fache des zulässigen Grenzwerts. Deshalb wird in einem Umkreis von zunächst zehn, dann zwanzig Kilometern vom AKW Fukushima die vollständige Evakuierung der Bevölkerung – rund 80 000 Menschen – angeordnet.

Wegen des vorherrschenden ablandigen Windes werden die radioaktiven Wolken nicht ins Landesinnere, sondern vorwiegend hinaus auf den Pazifik getrieben. Dennoch sind Mitte März nicht nur das Leitungswasser, sondern auch einige Nahrungsmittel aus dem Bereich der Präfektur Fukushima mit radioaktivem Jod verseucht, vor allem Gemüse und Rohmilch. Für diese Nahrungsmittel wird ein Verkaufs- und Verzehrverbot erlassen. Später kommen in weiteren Präfekturen Verbote für verschiedene andere Nahrungsmittel, insbesondere Teeblätter, Bambussprossen und Rindfleisch, hinzu. Viele Länder schicken Rettungsteams nach Japan oder leisten finanzielle Hilfe. Besonders im erdbebengewohnten Nachbarland

China ist die Anteilnahme groß: Von den von China zur Verfügung gestellten 260 Millionen Dollar stammen 90 Prozent von privaten Spendern.

Drei Jahre nach dem Super-GAU können drei der geschmolzenen Reaktorkerne von Fukushima nach wie vor nur mit viel Kühlwasser in stabiler Temperatur gehalten werden. In den weiträumigen Becken, die bereits einige Lecks aufweisen, lagern 450 000 Kubikmeter verseuchtes Wasser. Dieses will man einfach ins Meer ableiten. Doch Fischer und Umweltschützer lehnen sich dagegen auf. Mitte März 2014 sind in Japan noch alle 48 kommerziellen Atomreaktoren abgeschaltet, sodass das Land nach wie vor Gas und Öl für Wärmekraftwerke importieren muss. Um die Belastung der Wirtschaft durch die immens hohen Energiekosten zu verringern, kündigt Japans Ministerpräsident am 10. März 2014 an, demnächst wieder einige Atomkraftwerke ans Netz zu bringen. Das führt in Tokio zu sofortigen Protesten Zehntausender Bürger. Kaiser Akihito sagt am 11. März 2014 auf einer Gedenkveranstaltung in Tokio, viele Menschen würden in zerstörten Gegenden und evakuierten Orten noch immer ein schweres Leben führen, und fügt hinzu:»Ich bete für eine Rückkehr friedlicher Zeiten.«

Tödlicher Taifun »Haiyan« verwüstet die Philippinen

5.–11. November 2013

Die Brutstätte der meisten und stärksten tropischen Wirbelstürme auf unserem Planeten ist der nordwestliche Pazifik. Zu ihm gehören die Philippinen. Fast genau ein Jahr, nachdem dort Anfang Dezember 2012 der Taifun »Bopha« gewütet und 1901 Tote gefordert hat, hinterlässt vom 5. bis 11. November 2013 erneut ein Taifun mit dem chinesischen Namen »Haiyan« (was so viel wie »Sturmvogel« bedeutet) eine mit Leichen übersäte Schneise der Zerstörung auf sechs zentralen philippinischen Inseln. Die Philippinos nennen ihn »Yolanda«. Er entwickelt sich zu einem der größten Tropenstürme der Geschichte. Nach Ansicht amerikanischer Forscher ist er sogar der stärkste, der jemals auf Land getroffen ist. Amerikanische Messungen ergeben, dass das im Durchmesser 600 Kilometer große Sturmgebiet Windgeschwindigkeiten von bis zu 315, in Böen sogar 378 km/h erreicht hat.

Am 7. November gegen 19 Uhr Ortszeit prallt »Haiyan« mit voller Wucht auf die Ostküste der philippinischen Insel Leyte und macht die beschauliche Küstenstadt Guiuan nahezu dem Erdboden gleich. Tausende Menschen sterben, die meisten in ihren leichten, baufälligen Holzhütten, die »Barong-barong« genannt werden. Die Überlebenden der knapp 50 000 Einwohner bleiben fünf Tage lang komplett von der Außenwelt abgeschnitten. Am härtesten betroffen ist die an einer Bucht gelegene, 220 000 Einwohner zählende Inselhauptstadt Tacloban. Direkt über ihr wütet das Auge des Killertaifuns und löst eine sieben Meter hohe Flutwelle aus. In Minutenschnelle reißt sie alles mit – Hütten, Häuserwände und Dächer ebenso wie Autos, Container, abgeknickte Laternenpfähle und Äste der entlaubten Bäume.

Über 10 000 Menschen kommen allein in Tacloban um, die meisten ertrinken. Massen von Leichen treiben neben den vielen Trümmern, die »Haiyan« ins Wasser geweht hat, im Meer umher. Auch in den Straßen der City verwesen die Leichen, zumeist gefleddert von obdachlosen Einwohnern, die alles verloren haben und ohne Nahrung und Wasser sind. Sie plündern jene Geschäfte, die noch einigermaßen heil blieben, und räumen alles leer. Auf den Fernsehschirmen in unseren Wohnzimmern sehen wir zahlreiche Menschen, die Säcke voll Reis, Tiefkühltruhen, Fahrräder und andere Gegenstände aus einem Einkaufszentrum herausschleppen. Die wenigen ausgeschickten Polizisten können auch nicht verhindern, dass diverse Geldautomaten geknackt werden.

Allein in den beiden Provinzen Leyte und Samar benötigen etwa 4,3 Millionen obdachlos gewordene Menschen Hilfe. Bereits am Sonntag, dem 10. November, treffen auf dem Flughafen von Manila die ersten 24 Tonnen Hilfsgüter ein. Sie stammen aus Deutschland, das auch eine Soforthilfe von 500 000 Euro zur Verfügung stellt. Auch die USA, Russland, Australien, Neuseeland und die EU sowie einige internationale Hilfsorganisationen sagen umgehende Unterstützung zu. Weil die internationalen Hilfsgüter mit philippinischen Hubschraubern jedoch erst Tage später in den betroffenen Katastrophengebieten eintreffen, gerät die Regierung in Manila erheblich unter Druck. Präsident Aquino übernimmt persönlich die Verantwortung und bleibt so lange vor Ort, bis die Versorgung gesichert ist.

Aufgrund der bergigen Landschaft verliert »Haiyan« schon kurz nach seinem Eintreffen über den Philippinen zunehmend an Kraft. Sein wolkengefülltes Auge zeigt sich mehr und mehr zerklüftet, und die Windgeschwindigkeit nimmt ab. Am Abend des 9. November bewegt sich »Haiyan« in nordwestlicher Richtung über dem Südchinesischen Meer und dem Golf von Tonkin auf Vietnam zu. Hier werden in den besonders gefährdeten Gebieten über 600 000 Menschen evakuiert. Es kommt zu Starkregen und Überflutungen, die jedoch nur wenige Todesopfer fordern. Als »Haiyan« am 11. November die chinesische Provinz Guangxi erreicht, hat er sich bereits so sehr abgeschwächt, dass die Meteorologen ihn zu einer »tropischen Depression« herabstufen.

Katastrophen der Zukunft

Jahrtausend-Katastrophe durch den Cumbre Vieja?

Die größte Vulkankatastrophe der letzten 2000 Jahre könnte uns möglicherweise schon demnächst bevorstehen. Sie wird sich sozusagen direkt vor unserer Haustür ereignen und eine Kettenreaktion auslösen: Der britische Geologe Simon Day und sein US-Kollege Steven Ward warnen in einer 2001 publizierten Studie vor dem Ausbruch der 14 Kilometer langen Vulkankette des Cumbre Vieja (zu Deutsch:»alter Gipfel«) im Süden der Kanareninsel La Palma. Sie ist von allen Kanarischen Inseln seit langer Zeit die vulkanisch aktivste. Allein in den letzten 500 Jahren hat es in der 120 Krater umfassenden, knapp 2000 Meter hohen und mehrere Tausend Jahre alten Vulkankette sieben Ausbrüche gegeben.

Die letzte größere Eruption erfolgt am 24. Juni 1949 oberhalb des Feriendorfs San Nicolás: Bis in den September hinein strömt glühende Lava hinab zur Westküste und lässt dort neues Land entstehen. 1971 folgt an der Südspitze der Insel ein kleinerer Ausbruch nach. Das zeigt, dass der Cumbre Vieja immer noch aktiv ist. Die Vulkankette setzt sich unterhalb des Meeresspiegels fort, hier brodelt es sogar am meisten.

Doch die größte Gefahr geht von der gewaltigen Westflanke des Cumbre Vieja aus. Sie ist geologisch sehr instabil. Eine neue Eruption könnte diesen Hang zum Abrutschen bringen. Dann würde die ungeheure Masse von 500 Kubikkilometern Gestein – nach Berechnungen der University of California in Santa Cruz etwa 500 Milliarden Tonnen – mit einer Geschwindigkeit von 350 km/h bis zu 60 Kilometer weit abwärtsgleiten. Die Gesteinsmassen würden erst im Atlantik in 4000 Metern Tiefe zur Ruhe kommen. An dessen Oberfläche würde sich durch den gewaltigen Schub ein 900

163

Meter langer Wasserdom auftürmen, wie ihn die Menschheit noch nie erlebt hat.

Die Folge wäre ein Riesen-Tsunami, gegenüber dem sich die katastrophale Flutwelle vom 26. Dezember 2004 in Südostasien als leichtes, unscheinbares Wellchen darstellt. Der La-Palma-Tsunami würde mit einer Geschwindigkeit von 800 km/h den Atlantik entlangrasen. Die gewaltige Welle wäre an der Westküste der Sahara noch 110 Meter hoch. Die Küsten von Brasilien, der Karibik und Floridas würden unter einer 50 Meter hohen Wasserwand begraben werden, die auch die Ostküste der USA weitgehend vernichtet. Selbst an den Küsten Spaniens, Frankreichs und Englands würde eine noch zwölf Meter hohe Welle weit ins Landesinnere rollen und Tod und Verwüstung bringen. Auch Hamburg und die deutsche Nordseeküste blieben von schweren Verwüstungen nicht verschont. Die Zahl der Toten dieser Katastrophe ginge in die Millionen.

Neuerdings hat eine Forschergruppe der niederländischen Universität Delft behauptet, der Cumbre Vieja sei nicht hoch und steil genug, um durch einen Bergrutsch eine derartige Katastrophe auszulösen. Ein solcher sei nur dann wahrscheinlich, wenn mehrere Extreme zusammenkämen, wie zum Beispiel eine außergewöhnlich starke Eruption bei anhaltendem, heftigem Regen. Die kanarische Tourismusbranche hat natürlich Interesse daran, einer Panikmache entgegenzuwirken. Doch der britische Geologe Simon Day hat den Cumbre Vieja seit 1994 jahrelang vermessen und dabei festgestellt, dass die Vulkankette in ihrem Inneren poröses Gestein aufweist, das in zahlreichen vertikalen Ebenen mit Wasser durchtränkt ist. Er ist der Ansicht, dieses Wasser würde sich im Falle einer stärkeren Eruption explosionsartig ausdehnen und die Ost- und Westküste von La Palma auseinandersprengen – wie dies 1949 im Westen der Insel zumindest zum Teil schon geschehen sei.

Das Ozonloch

Die chemische Formel für Ozon lautet O_3, das heißt: Es besteht aus drei Sauerstoffatomen. Ozon bildet sich aus dem Sauerstoff der Luft durch ultraviolette Strahlen der Sonne und elektrische Entladungen, wie zum Beispiel Gewitter. Es ist in hoher Konzentration ein tiefblaues Gas, das intensiv riecht und die Atmungsorgane reizt. Deshalb ist sein Name auch vom griechischen »ozein« abgeleitet, und das bedeutet »riechen«. Im unteren Teil der Stratosphäre hat sich in einer Höhe von etwa zwölf bis 30 Kilometer eine dünne Schicht aus Ozon gebildet. Dieser Ozongürtel ist für das Leben auf der Erde äußerst wichtig, denn er hält den größten Teil der schädlichen UV-Strahlung aus dem Weltraum zurück. Die Ozonschicht ist ein schützender Filter für die Organismen der Erdoberfläche, sie absorbiert einen Großteil der kurzwelligen, energiereichen ultravioletten Strahlen aus dem Sonnenlicht. Dadurch zerfällt das Ozon wieder in seine Bausteine O_2 und O. Das freigewordene Sauerstoffatom kann sich jetzt entweder wieder mit einem Sauerstoffmolekül (O_2) verbinden und damit neues Ozon produzieren oder aber auch ein weiteres Sauerstoffmolekül zerstören und in zwei einzelne Sauerstoffatome aufspalten.

Zwischen diesem Ozonauf- und -abbau hat sich über Millionen von Jahren hinweg ein Gleichgewicht entwickelt: Der natürliche Abbau bedroht die Ozonschicht nicht, denn es wird immer genügend Ozon nachproduziert. Seitdem allerdings der Mensch mit seinen Emissionen in diesen Kreislauf eingreift, droht er die sensible Balance dieser Schutzschicht zu zerstören. Die Emission von Treibhausgasen und anderen Ozon abbauenden Substanzen dünnt die Ozonschicht aus. Die langsam in die Atmosphäre aufsteigenden Emissionen wandeln in einer Kettenreaktion atmosphärisches Ozon in »normalen« Sauerstoff um. Verantwortlich dafür sind vor allem Fluorchlorkohlenwasserstoffe (FCKW). Diese Verbindungen sind extrem stabil und in der Troposphäre fast unzerstörbar. FCKW werden insbesondere als Treibmittel in Sprühdosen, als Kältemittel in Kühlschränken, in Schaumstoffen oder als Lösungs- und Reinigungsmittel verwendet. Den Zusammenhang zwischen diesen Emissionen und der Ozonausdünnung finden Wissenschaftler erst 1986 heraus.

Als Folge dieser Kettenreaktion bildet sich hauptsächlich über der Antarktis, vornehmlich im Frühling, aber auch im Herbst, ein Ozonloch. Man entdeckt es 1985 und findet 1992 durch Messungen heraus, dass es mit einer Ausdehnung von 23 Millionen Quadratkilometern so groß ist wie der nordamerikanische Kontinent. In diesem Loch ist die Ozonkonzentration um mehr als die Hälfte zurückgegangen. Der niederländische Meteorologe Paul J. Crutzen legt 1986 eine schlüssige Theorie über die Ursachen des rapiden Ozonverlustes vor allem auf der Südhalbkugel vor und zeigt auf, dass Chlor aus den FCKW als »Ozonkiller« in der Stratosphäre wirkt. 1995 erhält Crutzen dafür zusammen mit den Amerikanern Mario Molina und Sherwood Rowland den Nobelpreis für Chemie.

1989 wird erstmals über dem Nordpol ein verstärkter Ozonabbau nachgewiesen. Und auch in den mittleren Breiten nimmt das Ozon in der Atmosphäre pro Jahr um einige Prozent ab. Das ist allerdings nicht so dramatisch wie über der Antarktis, wo der Ozonabbau durch spezielle meteorologische Gegebenheiten noch zusätzlich gefördert wird: Während des Winters bilden sich hier Eiswolken, die die chemischen Prozesse zwischen chlorhaltigen Verbindungen stark beschleunigen. Unter dem Lichteinfluss des Polarfrühlings zerfallen diese Chlorverbindungen in den Stratosphärenwolken und setzen die Kettenreaktion in Gang, die das Ozon abbaut.

Die Folgen für das Leben auf unserem Planeten können gravierend sein. Der menschliche Organismus schützt sich zwar vor zu starker Strahleneinwirkung, indem er vermehrt Pigmente in die Haut einlagert, die die Strahlen absorbieren – die Haut wird braun. Wenn die gefährlichen UV-Strahlen jedoch ungefiltert durchdringen, können sie Hautkrebs auslösen und die Augen bis hin zur Erblindung schädigen. Das Erbgut kann geschädigt werden, mit der Folge von Missbildungen oder Unfruchtbarkeit. Und auch das Wachstum von Pflanzen und Tieren wird beeinflusst. Besonders empfindlich reagieren viele Algen des Meeresplanktons auf erhöhte UV-Strahlung: Sie wachsen langsamer und sterben ab. Das hat weitreichende Auswirkungen, denn die maritimen Algen sind nicht nur für die Nahrungskette im Meer wichtig, sondern auch für die Sauerstoffproduktion der Erde.

Droht also eine neue Super-Katastrophe für den Menschen? Wird er durch eine von ihm selbst ausgelöste Naturkatastrophe besonderer Art in der Existenz bedroht, weil er keine Symbiose zwischen Natur und Technik findet? Ist die Menschheit auf dem Weg zum Selbstmord? Das Gleichgewicht des ganzen Ökosystems wird in der Tat total aus den Fugen geraten, wenn nichts geschieht; wenn der Mensch nicht gegensteuert. Das Umweltprogramm der Vereinten Nationen (UNEP) hat sich bereits seit 1977 mit der fortschreitenden Zerstörung der Ozonschicht befasst. Doch erst 1985 wird in Wien die erste internationale Konvention zum Schutz der Ozonschicht verabschiedet. 1987 folgen das »Montreal-Protokoll« und in regelmäßigen Abständen weitere Nachfolgekonferenzen in London (1990), Kopenhagen (1992) und erneut Wien (1995) und Montreal (1997). Die Unterzeichnerländer haben sich in diesen Abkommen verpflichtet, die Herstellung von Ozon abbauenden Substanzen zu verbieten.

Tatsächlich sind die Produktion und der Verbrauch dieser Stoffe seitdem bereits um 80 Prozent reduziert worden. Deutschland stellt 1994 die Produktion von FCKW ein, und auch in den meisten anderen Industrieländern sind FCKW inzwischen völlig verboten. Da sich aber die Entwicklungsländer noch immer zögernd an diesem Ausstieg beteiligen, zeigt erst die Fristsetzung der UNEP für den Ausstieg bis zum Jahr 2010 Wirkung. Wie Messungen aus dem Jahr 2012 zeigen, haben sich die Ozonwerte am Süd- und Nordpol inzwischen umgekehrt und nehmen weiter ab. Momentan sieht es so aus, dass in einigen Jahrzehnten eine vollständige Regeneration eintreten könnte und die Gefahr einer weltweiten Katastrophe gebannt wäre. Doch sicher ist das keineswegs, zumal ozonschädliche Emissionen durch die eingesetzten Alternativsubstanzen (Halogenverbindungen wie zum Beispiel Distickstoffmonoxid, bekannt als »Lachgas«), die an die Stelle der FCKW getreten sind, weiterhin stattfinden.

Weltweite Klimaänderungen

Tagaus, tagein wird das Leben auf unserer Erde vom Wetter bestimmt, oder besser gesagt: vom Klima. Das Wetter kann sich schnell ändern, in wenigen Stunden oder gar nur Minuten. Klimaänderungen vollziehen sich dagegen über längere Zeiträume, über Jahrtausende oder Millionen von Jahren. Für das Leben in den betroffenen Regionen bedeuten sie meist eine tödliche Katastrophe.

In den vergangenen 600 Millionen Jahren haben sich vier große Eiszeiten mit dazwischenliegenden Warmzeiten abgewechselt. Klimahistorisch leben wir auch heute noch in einem Eiszeitalter, das vor 55 Millionen Jahren beginnt. Vor 30 Millionen Jahren setzt die Vereisung des Südpols ein. Die früher sehr fruchtbare und grüne Antarktis wird zum unbewohnten und lebensfeindlichsten Kontinent unserer Erde. Doch das alles geschieht in prähistorischer Zeit, vor dem Beginn der Menschheitsgeschichte.

Der erste echte Vertreter der Gattung »Homo« entwickelt sich in Afrika erst vor etwa zwei bis drei Millionen Jahren. Er erlebt (seit etwa 800000 Jahren) bereits mit, wie in einem kürzeren Rhythmus von etwa 100000 Jahren Klimaschwankungen auftreten. Und er ist auch schon Zeuge einer Klimaveränderung, die durch eine riesige Naturkatastrophe ausgelöst wird. Sie ereignet sich, wie die vorherrschende Theorie behauptet, vor etwa 74000 Jahren im Nordwesten der Insel Sumatra. Dort fliegt der Supervulkan Toba in die Luft. Die gewaltige Explosion schleudert so viel Material empor, dass man damit zweimal den höchsten Berg der Erde, den Mount Everest, auffüllen könnte. Noch heute ist die Caldera dieses Vulkans 100 Kilometer lang und 30 Kilometer breit. In der Mitte des weltweit größten Einsturzkraters befindet sich der Tobasee. Nach der Megaeruption überzieht eine riesige Aschewolke die gesamte Erdkugel und hüllt sie in Halbdunkel. Die Sonnenstrahlen dringen nicht mehr durch, die Temperatur sinkt um etwa 18 Grad. Pflanzen und Tiere kommen in riesiger Anzahl um, und auch die Menschheit wird nahezu ausgelöscht: Nach neuesten Forschungsergebnissen sollen weltweit nur noch ein paar Tausend Menschen am Leben geblieben sein – ein winziger »Genpool«, aus dem sich die heute mehr als sieben Milliarden Menschen entwickelt haben.

Länger dauernde Kaltzeiten wechseln sich mit kürzeren, nur 15 000 bis 20 000 Jahre währenden Wärmeperioden ab. Die letzte Vereisung der Erde erreicht vor 21 000 Jahren ihren Höhepunkt. Seitdem wird es vor allem auf der Nordhalbkugel ständig wärmer. Vor rund 10 000 bis 12 000 Jahren sind die Temperaturen weltweit fünf bis sieben Grad niedriger als heute. Große Teile der Erde liegen unter einem dicken Eispanzer, auch Mitteleuropa. Etwa zu diesem Zeitpunkt beginnt das Holozän, die Neo-Warmzeit. Es wird ständig wärmer auf der Erde, das Eis schmilzt, und der Meeresspiegel steigt bis heute um 110 Meter. Ganz Skandinavien wird wieder eisfrei. Die Grassavanne Nordafrikas, die von einer Vielzahl von Tieren bewohnt wurde und auch Menschen Lebensraum bot, wie fossile Pflanzenreste und Fels- und Höhlenmalereien beweisen, wandelt sich zur heutigen Wüste. Selbst innerhalb der seit etwa 11 000 Jahren andauernden Neo-Warmzeit schwankt das Klima in kürzeren Perioden. 5000 v. Chr. ist es auf dem Erdball überall deutlich wärmer als heute.

Zwischen 1520 und 1860 sinken dann die Temperaturen in Mitteleuropa wieder um durchschnittlich ein bis zwei Grad. Gegen die Folgen dieser »kleinen Eiszeit« sind die Menschen machtlos. Sie zieht Ernteausfälle, Hungersnöte und große Fleckfieber- und Beulenpestepidemien in Europa und Russland nach sich. In Nordeuropa ist seitdem der Weinanbau nicht mehr möglich. Einige Wissenschaftler führen diese kurzfristige Klimaschwankung darauf zurück, dass die Aktivität der Sonnenflecken nachließ, aber auch darauf, dass zu dieser Zeit zahlreiche Vulkane ausbrechen. Asche und Gase gelangen zum Teil bis in die Stratosphäre. Aus den Gasen bilden sich kleine Partikel, die die Sonnenstrahlen reflektieren und die Einstrahlung von Wärmeenergie verhindern. Die Folge ist eine Abkühlung der Temperaturen. Als im Sommer 1783 der Vulkan Laki auf Island ausbricht, ist der darauffolgende Winter in Nordeuropa und Nordamerika extrem kalt, und in Deutschland kommt es im Frühjahr 1784 zu riesigen Überschwemmungen. Auch die ungeheuren Vulkanexplosionen des Tambora 1815 auf Java, des Krakatau im Jahr 1883 und des Pinatubo 1991 führen kurzfristige Klimaänderungen herbei. Die schwefelhaltigen Gase (Aerosole) reflektieren die Sonnenstrahlen derart stark, dass sich die Erdatmosphäre beispielsweise nach dem Ausbruch des Pinatubo bis Anfang des Jahres 1994 um etwa 0,4 Grad abkühlt.

Zwischen 1966 und 1976 sieht es noch so aus, als wenn erneut eine »kleine Eiszeit« beginnen würde. Die Eisdecke auf der nördlichen Halbkugel nimmt in diesem Jahrzehnt um mehr als zwölf Prozent zu, die Durchschnittstemperatur sinkt um 0,5 Grad Celsius, und die Winter sind durchweg um fast einen Monat länger als zuvor. Man erwartet für die Zukunft einen gewaltigen Frost. William Colby, der Direktor der CIA, gibt 1974 eine Studie in Auftrag, die zu dem Ergebnis kommt, dass innerhalb von zehn Jahren der Beginn einer neuen Eiszeit wahrscheinlich sei. Und auch der britische Klimaforscher Nigel Calder glaubt 1976, dass das Ende unserer 10 000-jährigen Warmperiode unmittelbar bevorstehe. Fast ganz Europa würde ebenso wieder unter dickem Eis und Schnee verschwinden wie Nepal, Sikkim und Neuseeland. Und auch in den USA, Mexiko, Russland, China und Australien würden sich riesige Gletscher wieder ihren Weg bahnen. Calder schockt die Welt mit der Voraussage, ein Dutzend Länder verschwände demnächst von der Landkarte, und für über die Hälfte der Erdbevölkerung stünde ein elender Hungertod bevor.

Doch nichts davon tritt ein. Im Gegenteil: In den folgenden Jahrzehnten erwärmt sich die Erde zusehends. Und andere kurzfristige Klimaveränderungen treten verstärkt ins Blickfeld, wie zum Beispiel das wiederkehrende »El Niño«-Phänomen. Dieses bezeichnet das Auftreten nicht zyklischer veränderter Strömungen im äquatorialen Pazifik. Seit 1850 ist dieses Klimaphänomen rund 40 Mal in Erscheinung getreten. Alle drei bis fünf Jahre führt es zur Erwärmung des Meeres vor der südamerikanischen Pazifikküste. Da es regelmäßig zur Weihnachtszeit an den Westküsten Perus und Ecuadors auftritt, nennen es die Fischer »El Niño«, »das Christkind«. Es bringt ihnen immer wieder erheblichen wirtschaftlichen Schaden: Das beträchtlich erwärmte Oberflächenwasser hindert das nährstoffreiche kalte Wasser daran, vom Meeresgrund aufzusteigen. Die Fische finden keine Nahrung mehr und verenden oder wandern in andere Regionen ab – und mit ihnen auch viele Vögel, die sich von Fischen ernähren. Allein in Peru brechen im El-Niño-Jahr 1982/83 die Seevögel-Bestände um bis zu 85 Prozent ein. Außerdem tritt stellenweise ein Massensterben der Korallen ein.

Die Ursache für die Veränderung der Wassertemperatur ist eine Verschiebung der Windzonen. Normalerweise ist der Ostpazifik vor der Küste Südamerikas infolge des kalten Humboldtstroms verhältnismäßig kühl, der westliche Pazifik aber umso wärmer. Die Austauschbewegungen der Passatwinde sorgen dafür, dass innerhalb von rund drei Monaten mit dem Wind auch warmes, oberflächennahes Wasser von Südostasien nach Südamerika gedrückt wird. Die Wasserzirkulation dreht sich praktisch um: Der Ostpazifik vor den Küsten Südamerikas erwärmt sich, während vor Australien und Indonesien die Wassertemperatur absinkt. El Niño beeinflusst nicht nur das Leben peruanischer Fischer, sondern auch das von Millionen anderer Menschen auf der ganzen Welt. In Australien, Indonesien und dem südlichen Afrika kommt es durch El Niño zu Dürreperioden mit katastrophalen Auswirkungen für die Landwirtschaft. Die tropische Pazifikküste Südamerikas einschließlich der Galapagosinseln ertrinkt dagegen im Regen. Die wasserdampfreiche Luft über dem nun sehr warmen Meer steigt auf, regnet sich in den Küstengebirgen ab und führt zu verheerenden Erdrutschen und Schlammlawinen.

1982/83 und 1997/98 ist El Niño außergewöhnlich stark ausgeprägt. Die Meeresströmung liegt ganze sieben Grad Celsius über der normalen Wassertemperatur. Der Überschuss der in die Atmosphäre abgegebenen Wärmeenergie verursacht fast überall auf der Welt eine Änderung der Wettermuster. In den USA und Alaska sind die Winter ungewöhnlich warm, während es in Nordkorea und weiten Teilen Chinas zu ausgeprägten Dürren kommt. In Zentralamerika gehen die Regenfälle ebenfalls zurück. In Indien und Pakistan verstärkt sich der Monsunregen jedoch – das Jahrhunderthochwasser trifft Indien besonders schwer. Zwei Millionen Hektar Anbaufläche werden überschwemmt, über 1000 Menschen kommen in den Fluten um. Auch im leidgeplagten Bangladesch zählen die Überschwemmungen von Juli bis September 1998 zu den schlimmsten in der Geschichte des Landes. Zwei Drittel von Bangladesch stehen für drei Monate unter Wasser. 25 Millionen Menschen werden obdachlos, über 1000 finden den Tod. Nach der Überzeugung der Wissenschaftler ist das El-Niño-Jahr 1997/98 auch die Ursache für die Überschwemmungen in Mittel- und Osteuropa. Sie führen im August 1997 im deutschen Bundesland Brandenburg sowie in Polen und Tschechien zu schweren Verwüstungen und fordern 110 Todesopfer. Insgesamt geht die Zahl der El-Niño-Toten 1997/98 in die Tausende, die Schäden betragen Milliarden.

El Niño hat noch eine kleine Schwester, »La Niña« (»kleines Mädchen«). Sie tritt im Anschluss an eine zweijährige El-Niño-Phase auf und bewirkt genau den entgegengesetzten Zustand wie ihr großer Bruder: La Niña ist eine außergewöhnlich kalte Strömung im äquatorialen Pazifik. Sie ist die Ursache für riesige Überschwemmungen in China und Nordkorea in den Jahren 1999 und 2000. In Indien und Pakistan kommt es zu schweren Dürren, während die Winter in den USA und Kanada in diesen beiden Jahren extrem kalt und schneereich sind. La Niña bewirkt also in den betroffenen Regionen genau die entgegengesetzten Folgen wie 1997/98 El Niño.

Auch heute, Hunderte Jahre nach der Entdeckung dieser Klimaanomalien, gibt das mächtige »Geschwisterpaar« den Klimaforschern noch Rätsel auf. Seit einiger Zeit weiß man, dass es noch eine »Cousine« mit dem Namen »NAO« aus dem hohen Norden gibt. »NAO« bedeutet »Nordatlantische Oszillation« und ist eine Parallele zu El Niño auf der Nordhalbkugel. Oszillation heißt so viel wie Schwingung, Schwankung. Sie entsteht aus einem Zusammenspiel des Islandtiefs und des Azorenhochs. Liegen beide an ihren Ursprungsorten, ist das System im »positiven« Modus. Durch ihre entgegengesetzten Drehbewegungen schleusen Hoch und Tief dort, wo sie aneinanderstoßen, Winde über den Nordatlantik nach Europa. Diese Winde verstärken sich, wenn mit Beginn des Winters die Temperaturen im Norden sinken und der Druckunterschied zwischen beiden Systemen größer wird. Über dem Atlantik nehmen die Winde Feuchtigkeit auf. Das bedeutet für Europa verhältnismäßig feuchte und milde Winter und stärkere Stürme. Für den Osten der USA und Kanadas bedeutet es genau das Gegenteil. Von dort wird die Kaltluft auf der Rückseite des Tiefs nach Süden gelenkt. Die Folge sind kältere Winter. Wenn das Islandtief jedoch seinen angestammten Platz verlässt und nach Süden Richtung Azoren wandert, sich sozusagen im »negativen« Modus befindet, dann wandert im

Gegenzug das Azorenhoch nach Norden. Dadurch wird die Höhenströmung nach Süden Richtung Mittelmeer umgelenkt. Als Folge davon regnet es dort häufig bis hin zum Nahen Osten. Die Winter in Europa werden kälter, im Osten der USA und Kanadas dagegen milder. Die NAO kann innerhalb weniger Tage wechseln. Seit 1980 verhält sie sich im Wesentlichen positiv. Und es sieht so aus, als wenn dieser Trend anhält. Das würde für Europa eine erhebliche Zunahme schwerer Winterstürme mit enormen Schäden bedeuten. Und für die Iberische Halbinsel eine jahrelange Trockenheit mit katastrophalen Ernteeinbußen und leeren Bächen und Flüssen.

Die genauen Ursachen dieser Klimaänderung sind noch nicht geklärt. Aber ebenso wie bei El Niño und La Niña vermutet man, dass die Anomalien durch den Treibhauseffekt noch verstärkt werden. Dieser Prozess der globalen Erwärmung geht zumindest zur Hälfte auf die vom Menschen verursachte Umweltverschmutzung und seine Sorglosigkeit im Umgang mit den natürlichen Ressourcen zurück. Die Verbrennung fossiler Brennstoffe und die gigantische Abholzung tropischer Regenwälder führen dazu, dass bedenklich hohe Mengen an sogenannten Treibhausgasen freigesetzt werden: Kohlendioxid und Methan reichern sich in der Atmosphäre an und bewirken, dass sich eine Art Glocke bildet, in der sich die Hitze staut, ähnlich wie die Erhitzung der Luft in Treibhäusern. Gäbe es die Kohlendioxidhülle der Erde nicht, würde die Hitze der Sonne wieder zurück in den Weltraum fließen und die Erde würde sich auf lebensfeindliche minus 54 Grad Celsius abkühlen. Der Anteil des Kohlendioxids in der Atmosphäre ist dadurch, dass die Pflanzen auf dem Festland und das Plankton im Meer es ständig aufnehmen, über Jahrhunderte gleich geblieben. Seit dem Beginn der industriellen Revolution ist der Anteil jedoch drastisch gestiegen. Die Temperaturen haben sich seitdem auf der Erdoberfläche um fast zwei Grad erhöht. Bis etwa zum Jahr 2050 wird die Erderwärmung voraussichtlich nochmals um zwei bis drei Grad zunehmen. Einen solchen Temperaturanstieg hat es seit dem Ende der letzten Eiszeit vor 10 000 bis 18 000 Jahren nicht mehr gegeben. Das Eis der Arktis schmilzt weiterhin ebenso wie die Gletscher, und der Meeresspiegel steigt durchschnittlich um 0,25 Zentimeter pro Jahr.

Wenn es wärmer wird, verdunstet auch mehr Wasser, und die Luftströmungen nehmen zu. Die Winde werden heftiger, bis hin zu extremen Stürmen und Dürren. 1998, im heißesten Jahr des 20. Jahrhunderts, ereignen sich 80 voneinander unabhängige Naturkatastrophen: verheerende Überschwemmungen in China, Rauch- und Flammenwolken über Indonesien, gewaltige Wirbelstürme in Zentralamerika und Eisstürme in den USA. Derartige Katastrophen werden als Folge der Erderwärmung in der nahen Zukunft ständig zunehmen und immer schlimmere Ausmaße annehmen. Immer mehr Flussbetten werden austrocknen, wodurch bisher fruchtbare Böden verdorren. In Indien und Pakistan stehen die auf das Flusswasser angewiesenen Bauern vor dem Ruin. Und selbst der in China sonst so häufig über die Ufer tretende Gelbe Fluss führt 1997 so wenig Wasser, dass er während 226 Tagen das Meer nicht mehr erreicht.

Wenn das Erdklima sich immer weiter erwärmt, wird El Niño, der zurzeit ein bis eineinhalb Jahre dauert und alle drei bis fünf Jahre wiederkehrt, zum Regelfall – die fortschreitende Erwärmung wird uns einen ständigen El Niño bringen. Weil der Regen im Amazonasgebiet dann ausbleibt, wird es nach Computerberechnungen den dortigen Regenwald in 50 Jahren nicht mehr geben. Das Kohlendioxid, das er bisher aufgenommen hat, bleibt in der Luft, was wiederum die Erwärmung verschlimmert. Ein Teufelskreis setzt ein, denn entsprechend gewaltiger wird wiederum der El Niño. Die nahe Zukunft hält Mega-El-Niños mit weltweiten katastrophalen Auswirkungen für uns bereit. Nach Schätzungen der Vereinten Nationen wird im Jahr 2025 bereits die Hälfte aller Menschen in sturmgefährdeten Zonen leben oder fortwährend anderen extremen Wetterkatastrophen ausgesetzt sein.

Eine niederschmetternde Prognose. Die bedrohlichen Entwicklungen könnten nur dann gebremst werden, wenn die Menschen die von ihnen verursachten Emissionen reduzieren. Auf den Weltgipfeln 1992 in Rio de Janeiro und 1997 in Kyoto werden auch entsprechende Konventionen und Protokolle verabschiedet. Doch viele Konzerne und Industriebosse bekämpfen diese heftig. Die USA weigern sich bis heute, die Beschlüsse von Kyoto in ihrem Land umzusetzen.

Die Erde erwärmt sich mit zunehmender Schnelligkeit weiter. Im Bericht des UNO-Klimarats (IPCC) aus dem Jahr 2007 findet sich die Feststellung, dass wir im globalen Mittel den stärksten Klimawandel zu verzeichnen haben, der in den letzten Millionen Jahren auf der Erde aufgetreten ist. Bis zum Ende dieses Jahrhunderts wird die globale Temperatur möglicherweise um bis zu vier Grad steigen. In Europa wird es immer mehr heiße Sommer geben, in denen über längere Perioden kein Regen fällt. Besonders der Mittelmeerraum wird unter Dürren leiden, und die Wüsten in Afrika und Australien werden sich rasant immer weiter ausdehnen. Der Meeresspiegel wird im Weltdurchschnitt um etwa 30 Zentimeter steigen. In der Nordsee wird er nach Berechnungen des Hamburger Max-Planck-Instituts für Meteorologie bis zum Jahr 2100 sogar überdurchschnittlich um 43 Zentimeter steigen. Deshalb hat sich die internationale Staatengemeinschaft 2010 auf dem UNO-Klimagipfel in Cancún (Mexiko) darauf verständigt, dass die globale Erwärmung bis Ende des Jahrhunderts auf maximal zwei Grad begrenzt werden muss.

Die düsteren Prognosen werden durch den 2000 Seiten starken Bericht, den der Weltklimarat im September 2013 in Stockholm vorgestellt hat, bestätigt. Wenn der Klimawandel ungebremst voranschreitet und die Temperatur weiterhin um mehr als zwei Grad ansteigt, werden die Umweltfolgen kaum noch beherrschbar sein. Darauf weist auch Teil III des am 13. April 2014 in Berlin vorgestellten Weltklimaberichts hin, den 235 Autoren aus 57 Ländern unter Auswertung Tausender wissenschaftlicher Fachartikel verfasst haben: Mehr als ein Drittel aller weltweiten Treibhausgas-Emissionen stammt aus der Verbrennung fossiler Energieträger wie Kohle, Gas und Erdöl. Der rapide Aufbau immer neuer Kohlekraftwerke in China hat in den letzten Jahren dazu geführt, dass dieses Land für mehr als 25 Prozent der weltweiten Treibhausgas-Emissionen verantwortlich ist.

Um das Zweigradziel zu erreichen, müsse der Ausstoß bis 2050 um 40 bis 70 Prozent unter das Niveau von 2010 gesenkt werden, heißt es in dem Berliner IPCC-Bericht. Dies sei vor allem durch eine »Decarbonisierung« erreichbar, vornehmlich durch eine finanziell durchaus tragbare kohlendioxidfreie Stromgewinnung mittels erneuerbarer Energien. Deutschland hat mit seiner nach der Katastrophe von Fukushima erfolgten Energiewende ein weltweites Zeichen gesetzt: Rund ein Viertel des hier erzeugten Stroms stammt inzwischen aus erneuerbaren Energien. Doch 2014 ist der Ausstoß von Kohlendioxid aus deutschen Kraftwerken leider wieder etwas angewachsen, weil aus wirtschaftlichen und politischen Gründen wieder mehr Kohle statt Gas verbrannt wird und die Stromproduktion insgesamt angewachsen ist.

Wird das Zweigradziel, das auf dem Klimagipfel 2015 in Paris in einem Weltklimaabkommen festgelegt werden soll, nicht schnellstens erreicht, droht das Eis an beiden Polen zu schmelzen. Bereits im Jahr 2080 könnte das arktische Meer – und damit auch der Nordpol – im Sommer eisfrei sein. Dadurch würden sich die Lebensbedingungen für Pflanzen und Tiere dramatisch verändern. Eisbären hätten keine Chance mehr. Durch die Eisschmelze im arktischen Meer könnte aber auch Europas »Warmwasserheizung«, der Golfstrom, ins Stottern geraten: Die schmelzenden Eismassen der Arktis verdünnen das salzige Meerwasser im Nordatlantik. Dadurch wird es leichter und wird nicht mehr so tief absinken, dass es in den südlichen Ozean abfließen kann, aus dem bisher im Gegenzug warmes Wasser an der Oberfläche in Richtung Europa und Amerika strömt. Der Golfstrom wird sich um etwa 30 Prozent abschwächen. Da der Wärmetransport zur Hälfte aber auch über die Atmosphäre läuft, hoffen die Klimaforscher, dass es nur zu leichten Abkühlungen an der Atlantikküste, in Frankreich, Großbritannien und auch in Deutschland kommen wird. Dieser Effekt wird aber auf keinen Fall die mit dem Klimawandel verbundene Erwärmung ausgleichen. Auch am Südpol ist die Durchschnittstemperatur seit 1950 um ein Grad gestiegen. Der komplette Eispanzer der Antarktis wird allerdings vorerst noch nicht schmelzen, sodass die Pinguine noch nicht akut bedroht sind. Außerdem kann die wärmere Atmosphäre mehr Niederschläge mit sich bringen, die am Pol als Schnee niedergehen.

Klimaforscher erwarten durch das Abschmelzen der Polkappen bis zum Jahr 2100 einen maximalen Anstieg des Meeresspiegels um einen halben Meter, bedingt auch dadurch, dass das Meerwasser sich erwärmt und sich dadurch ausdehnt. Ein halber Meter Anstieg, das hört sich nicht besonders bedrohlich an. Doch die Folge ist, dass in 100 Jahren ganze Regionen und Länder unter dem Meeresspiegel liegen werden. Die Malediven verschwinden dann ebenso im Indischen Ozean wie die Insel Sylt in der Nordsee. Und ganz Bangladesch wird zum Meer. Eine grausige Vorstellung. Doch sie wird in wenigen Jahrzehnten zur Realität werden, und eine Megakatastrophe droht über die Menschheit hereinzubrechen, wenn es nicht gelingt, den Treibhauseffekt zu stoppen oder wenigstens zu verlangsamen. Setzt sich die Erwärmung kontinuierlich fort, dann werden zum Beispiel die 2,6 Millionen Kubikmeter Eis, die auf Grönland liegen, vollständig schmelzen und sich in den Atlantik ergießen. Man hat errechnet, dass der Meeresspiegel dann um fünfeinhalb Meter steigt. Alle tiefer gelegenen Städte wie Hamburg oder Kopenhagen sind dann dem Untergang geweiht. Vielleicht können wenigstens die Bewohner vorher evakuiert werden, denn der Schmelzprozess dauert geraume Zeit, und der Meeresspiegel steigt relativ langsam an.

Doch was geschieht, wenn auch der Südpol schmilzt? Auf dem antarktischen Kontinent ruhen 90 Prozent des Festlandeises. Das Schmelzen des Südpoleises bedeutete einen zehn Mal höheren Anstieg des Meeresspiegels als das Schmelzen des Grönlandeises. Der Meeresspiegel würde um 55 Meter steigen, und das Wasser würde bis in das 15. Stockwerk der New Yorker Wolkenkratzer reichen. Die Freiheitsstatue, der Tower in London, das Opernhaus in Sydney sowie viele weitere Stätten des UNESCO-Weltkulturerbes versinken tief im Meer. In den kommenden 2000 Jahren könnten auch die alten deutschen Hansestädte Bremen, Lübeck, Wismar und Stralsund betroffen sein. Das gesamte Ruhrgebiet läge unter Wasser, und Koblenz wäre eine Stadt mit Meereshafen. Klettert die Temperatur nur um drei Grad, lägen künftig auch die historischen Zentren von Städten wie Brügge, Neapel, Istanbul und St. Petersburg ebenso auf dem Meeresgrund wie der US-Bundesstaat Florida und weite Flächen Südostasiens.

Allerdings hat das antarktische Eis alle Zwischeneiszeiten der Vergangenheit überdauert. Es gibt daher Hoffnung zu der Annahme, dass es auch in den nächsten 1000 Jahren nicht gänzlich schmilzt. Und vielleicht ist unser technologischer Fortschritt bis dahin so weit gediehen, dass die mittlere Durchschnittstemperatur der Erde tatsächlich auf dem gegenwärtigen Stand »eingefroren« werden kann. Man könnte zum Beispiel große Spiegel in die Erdumlaufbahn bringen, um mit ihnen einen Teil des Sonnenlichts so abzulenken, dass es an der Erde vorbeiströmt.

Kosmische Bomben

Bombardements aus dem Weltall gehören keineswegs ins Reich der Science-Fiction. Es hat sie auf der Erde im Verlauf von Millionen von Jahren schon immer gegeben, denn der Raum zwischen den Planeten unseres Sonnensystems ist nicht leer. Noch immer schwirren Reste jener Gas- und Staubwolke, aus der sich vor viereinhalb Milliarden Jahren Sonne und Planeten gebildet haben, durch den interplanetaren Raum. Diese Objekte sind zum Teil so groß, dass sie bei einem Zusammenstoß mit der Erde gewaltigen Schaden anrichten können.

Eine solche Bombe aus dem Kosmos kann zum Beispiel ein Komet sein. Am Himmel erscheinen Kometen als neblige Flecken. Sie sind unregelmäßig geformt und leuchten nur schwach. Es ist durchaus möglich, dass sie Überreste jener erwähnten großen Wolke sind. Heute wissen wir, dass Kometen sehr kleine Körper von allenfalls einigen wenigen Kilometern Durchmesser darstellen. Wahrscheinlich bestehen sie vorwiegend aus gefrorenem Wasser, Ammoniak, Schwefelwasserstoff, Blausäure und Cyan. Eingebettet in diese vereisten Gase sind Gesteinsbrocken aus Staub oder Kiesel, die mitunter sogar einen festen Kern bilden.

Kometen sind regelmäßige Begleiter der Menschheitsgeschichte, sie sind immer wieder beobachtet worden. Die griechischen Astronomen glaubten, sie seien atmosphärische Erscheinungen, brennende Dämpfe in der oberen Lufthülle. Da diese Objekte – anders als die Planeten – keinen berechenbaren Bahnen zu folgen schienen, sahen die meisten Menschen in ihnen Unglücksboten, die von zornigen Göttern als Warnung entsandt wurden. Trotz der modernen Naturwissenschaft sind diese Ängste auch heute noch weit verbreitet. Kommt ein Komet auf seiner elliptischen, häufig von Störungen durch andere Himmelskörper beeinflussten Bahn in das Innere des Sonnensystems, so bewirkt die Wärme der Sonne, dass das Eis schmilzt und eine Gashülle um den Kern entsteht, die zu leuchten beginnt. Durch den Sonnenwind wird sie zu einer Windfahne verformt – ein Kometenschweif entsteht. Je größer und eisreicher ein Komet ist und je näher er an die Sonne herankommt, desto größer und heller wird dieser Schweif. Die Gefahr, dass ein solcher Komet mit der Erde oder einem anderen Planeten zusammenstößt, ist angesichts der ungeheuren Weiten des Weltraums nicht sehr groß. Auszuschließen ist sie jedoch nicht. Es ist sogar wahrscheinlich, dass es derartige Kollisionen auf unserer Erde bereits gegeben hat.

Am 30. Juni 1908 wird Sibirien gegen 6.45 Uhr früh von einer ungeheuren Explosion erschüttert. Im Umkreis von rund 2000 Quadratkilometern werden durch eine gigantische Druckwelle in einem undurchdringlichen, menschenleeren Waldgebiet am Flüsschen Tunguska Bäume abgeknickt, Rentiere und andere Lebewesen werden getötet. Doch es gibt keine Einschlagstelle, keinen Krater. Deshalb sind sich die heutigen Astronomen ziemlich sicher, dass die Explosion, die noch in London zu hören gewesen sein soll, von einem kleinen Kometen verursacht wurde. Die gefrorenen Gase, aus denen er bestand, sind beim Durchdringen der Atmosphäre so plötzlich verdampft, dass sie einige Kilometer über dem Erdboden in einem riesigen Feuerball explodierten und schwere Verwüstungen anrichteten. Der Komet selbst hat die Erdoberfläche nie erreicht und deshalb auch keinen Krater schlagen können. Wäre dieser Komet in der gleichen Bahn nur sechs Stunden später mit der Erde zusammengestoßen, hätte er St. Petersburg getroffen und die Stadt wahrscheinlich vollkommen ausgelöscht. Wir sind 1908 noch einmal glimpflich davongekommen. Ein solches Ereignis kann sich aber wiederholen. Wir wissen nur nicht, wann.

Zum Glück kreisen die meisten dieser schmutzigen Schneebälle aus Staub und Eis weit außerhalb unseres Planetensystems, etwa in der sogenannten Oortschen Wolke. Dann und wann wird einer der »Vagabunden« jedoch Richtung Sonne und Erde abgelenkt. Einer von ihnen ist der Halleysche Komet. Er ist sicherlich der berühmteste aller uns bekannten Kometen. Auf einer sehr lang gestreckten elliptischen Bahn, die sich bis zum Uranus erstreckt und immer deutlicher vom Jupiter beeinflusst wird, nähert er sich regelmäßig alle 75 bis 77 Jahre der Erde. Benannt wurde er nach dem britischen Physiker Edmond Halley, der 1705 entdeckte, dass der Himmelskörper mit früheren, unter anderem von Johannes Kepler beobachteten Erscheinungen identisch sein müsse. Im Laufe der Zeit werden über 30 Erscheinungen der periodischen Wiederkehr des Kometen bekannt, die erste schon 466 v. Chr. Besonders prächtig und mit bloßem Auge am Sternenhimmel sichtbar ist sein Auftauchen im Jahre 1910: Da kommt sein riesiger Schweif der Erde so nahe, dass sie durch ihn hindurchwandert. Doch die giftigen Gase besitzen eine derart geringe Dichte, dass sie den Menschen nicht gefährlich werden können – das Ereignis von 1910 hinterlässt keine spürbaren Folgen.

Seinen Ruf als hellster Komet hat der Halleysche Komet inzwischen verloren. Denn als er am 9. Februar 1986 erneut die Erdbahn kreuzt, hat er beträchtlich an Materie und Leuchtkraft verloren. Vielleicht werden wir den Kometen, wenn er im Jahre 2061 das nächste Mal wiederkehrt, nur noch mit Fernrohren und Teleskopen sehen können. 1986 schickt man einige Raumsonden in Halleys Nähe, um den Kern näher zu beobachten. Er zeigt sich als rötlich-diffuses Gebilde in einer Größe von rund 1000 Kubikkilometern. Ein gewaltiger Klotz, dessen Absturz auf die Erde aber eher unwahrscheinlich ist.

Ein Beweis dafür, wie gefährlich Kometen für Planeten unseres Sonnensystems sein können, wenn sie in ihre Bahnen geraten und von ihnen angezogen werden, ist der Komet Shoemaker-Levy 9. Er wird vermutlich schon in den 1970er-Jahren durch die gewaltigen Anziehungskräfte des Jupiter in eine stark elliptische Bahn gezwungen und kommt dem größten Planeten unseres Sonnensystems im Juli 1992 so nahe, dass er in 21 Fragmente zerbricht, die sich auf einer mehrere Kilometer langen Kette aufreihen. Mit der enormen Energie von 50 Millionen Hiroshima-Bomben schlägt Shoemaker-Levy 9 zwischen dem 16. und 22. Juli 1994 in der südlichen Hemisphäre des Jupiter ein. Zum ersten Mal wird die Kollision zweier Körper des Sonnensystems direkt beobachtet: Die Raumsonde »Galileo« hält die Einzelheiten des Aufpralls fest und zeigt in Ultraviolettaufnahmen die dunklen Flecken, die sich als Folge des Aufpralls in der Atmosphäre des Jupiter in Form von Gasblasen bilden.

Gefährlicher für die Erde sind die schwarzen Kometen, die keinen Schweif mehr besitzen. Sie werden am Rande unseres Planetensystems in der Oort-Wolke geboren und sind im Unterschied zu den leuchtenden aktiven Kometen mit Schweif pechschwarz und unsichtbar, weil ihr Kern nicht von einer Gashülle umgeben ist. Mehrere Astronomen haben neuerdings solche unheimlichen »toten« Kometen aufgespürt und festgestellt, dass ein ganzes Rudel von etwa 50 dieser unsichtbaren Brocken auf unseren Planeten zurast. Einige von ihnen haben immerhin einen Durchmesser von bis zu neuneinhalb Kilometern. Professor Mark Bailey vom Armagh-Observatorium in Nordirland vermutet, dass etwa 4800 dieser »fliegenden schwarzen Bomben« existieren. Die meisten toten Kometen werden nach ihrer Entstehung weit ins Weltall torpediert und geraten in die Umlaufbahnen anderer Sonnen. Hunderte von ihnen bewegen sich jedoch auf einer Bahn, die alle 200 Jahre quer durch unser Sonnensystem führt. »Rund 50 könnten die Erde tangieren oder treffen«, meint Professor Bailey. Der Erde droht also eine neue Gefahr aus dem All, die bis vor wenigen Jahren noch unbekannt war. Der Einschlag eines solchen schwarzen Geschosses auf unserer Erde hätte derart katastrophale Folgen, dass Bailey es für unbedingt notwendig hält, ein Frühwarnsystem in Form von Infrarot-Teleskopen zu errichten und damit den ganzen Himmel abzudecken. Nur so könne man die anfliegenden Bomben rechtzeitig entdecken und eventuelle Abwehrmaßnahmen ergreifen.

Am 2. März 2004 startet die europäische Sonde »Rosetta« in Richtung des Kometen Tschurjumow-Gerassimenko. Ihre Mission lautet, den Kometen nach zehnjähriger Reise im August 2014 zu erreichen, ihn ein Jahr lang wie ein Mond zu umkreisen und den Analyseroboter »Philae« weich auf ihm abzusetzen. Das gelingt am 12.11.2014. »Rosetta« hat 21 Untersuchungsgeräte an Bord, davon neun auf der Landeeinheit »Philae«, die einige Monate lang die Kometenoberfläche anbohren und Bodenproben entnehmen soll. Nachdem der Komet im Oktober 2013 hinter der Sonne verschwunden war, wurde er 2014 wieder sichtbar. Im März 2014 sandte »Rosetta« Aufnahmen von ihm zur Erde, die zeigen, dass der Komet begonnen hat, Gas und Staub zu spucken und sich aufgrund verdampfenden Eises eine sehr dünne Atmosphäre um seinen Kern bildet. Schon bei seiner letzten Sonnenannäherung im Jahr 2002/2003 verlor er sehr viel Materie, etwa 60 Kilogramm pro Sekunde. Tschurjumow-Gerassimenko ist mit drei mal fünf Kilometern zwar relativ klein, doch er gilt als ungewöhnlich aktiver Komet. Ob eine konkrete Gefahr für die Erde von ihm ausgeht, ist noch nicht mit letzter Sicherheit geklärt. Es gibt aber auch noch andere Himmelskörper in unserem Sonnensystem, die als kosmische Bomben unsere Erde bedrohen können. Als der italienische Astronom Giuseppe Piazzi am 1. Januar 1801 zwischen den Umlaufbahnen von Mars und Jupiter einen neuen, kleinen Planeten entdeckt, den er Ceres tauft, sieht man darin einen seltenen Einzelfall. Man weiß noch nicht, dass dies lediglich der Anfang einer ganzen Reihe von weiteren Planetenentdeckungen zwischen Mars und Jupiter ist. Heute sind die Umlaufbahnen von über 2000 solcher Kleinplaneten mit einem Durchmesser von mehr als einem Kilometer bekannt. Man schätzt, dass ihre Gesamtzahl sogar zwischen 40 000 und 100 000 liegt. Selbst im Fernrohr erscheinen sie wegen ihrer geringen Größe jedoch nicht als typische Planetenscheiben, sondern als sternähnliche Punkte. Deshalb nennt man sie Asteroiden – die »Sternähnlichen«. Sie bestehen, anders als die Kometen, hauptsächlich aus Metall und Gestein. Schon deshalb stellen sie viel wirkungsvollere Geschosse dar als Kometen. Die meisten von ihnen bewegen sich in dem Asteroidengürtel zwischen Mars und Jupiter allerdings in sicheren Bahnen. Einige sind dem Jupiter so nahe gekommen, dass sie von ihm eingefangen wurden. Sie bewegen sich nun als Monde um den Planeten.

In unserem Sonnensystem sind rund 600 000 Asteroiden bekannt. Etwa 9000 von ihnen sind kleinere Objekte, deren Flugbahn häufig gestört und verändert wird. Sie scheren zur Erde hin aus und können ihr gefährlich werden. So kommt zum Beispiel der 1898 von dem deutschen Astronomen Gustav Witt entdeckte Asteroid »Eros« der Erde so nahe wie kein anderer Planet. Eros ist unregelmäßig geformt, sein größter Durchmesser beträgt immerhin 24 Kilometer. Würde er mit der Erde kollidieren, käme es zu einer Katastrophe unvorstellbaren Ausmaßes. Im November 1937 zieht der Kleinplanet »Hermes« in nur 800 000 Kilometern Entfernung an der Erde vorbei. Befinden sich beide Himmelskörper in der richtigen Position, schrumpft die Entfernung auf 310 000 Kilometer. Hermes wäre uns dann noch näher als unser Mond. Er hat zwar nur einen Durchmesser von einem Kilometer, ein Zusammenprall mit ihm hätte aber ebenfalls katastrophale Folgen. Allerdings hat Hermes sich seither nicht wieder blicken lassen. Vielleicht ist er aus der Bahn geworfen worden, als er an der Erde vorbeizog.

Amerikanische Astronomen nehmen an, dass zumindest 100 Asteroiden mit einem Durchmesser von mehr als 1,5 Kilometern ständig die Erdbahn streifen. Die Zahl der Asteroiden von der Größe von Hermes (oder kleiner) müsste dann bei etwa 1000 liegen. Das bedeutet, dass die Gefahr, dass einer von ihnen mit der Erde kollidiert, nicht von der Hand zu weisen ist. Zurzeit kennt man rund 600 Asteroiden, die der Erde einmal gefährlich werden können. Wissenschaftler der Universität von Michigan haben jedoch errechnet, dass im Durchschnitt nur einmal in 3000 Jahren ein Asteroid der Erde so nahe kommt, dass eine akute Kollisionsgefahr besteht.

Einer davon ist Apophis. Dieser etwa 400 Meter große, erst 2004 entdeckte Asteroid wird sich der Erde so sehr nähern wie kaum ein anderer je zuvor. Nach Berechnungen amerikanischer Astronomen wird Apophis exakt am 13. April 2029 haarscharf an der Erde vorbeischrammen. Die Entfernung zu ihm beträgt dann nur 37 800 Kilometer. Das entspricht etwa dem dreifachen Erddurchmesser oder rund einem Zehntel der Mondentfernung. Man wird Apophis im April 2029 am Nachthimmel über Europa, Afrika und Westasien deutlich und klar sehen können. Die Forscher glauben zwar, dass er nicht auf der Erde einschlagen wird. Sollte das aber doch geschehen, wird es ihrer Meinung nach nicht zu einer weltweiten Katastrophe kommen. Dafür ist Apophis zu klein. Nur im Umkreis der Einschlagstelle würde es schwere Verwüstungen und Zerstörungen geben. Viel wahrscheinlicher ist jedoch, dass die Anziehungskraft der Erde sowohl an der Oberfläche als auch im Innern von Apophis zu Brüchen führen wird. Vielleicht zerspringt der gefährliche Gesteinsbrocken in kleine Einzelteile – wenn nicht 2029, so möglicherweise in den Jahren 2035, 2036 und 2037, wenn sich Apophis der Erde erneut bedrohlich nähert.

Kleinere Materiebrocken verdampfen, wenn sie die Erdatmosphäre durchlaufen, größere rufen beim Aufprall auf die Erde Leuchterscheinungen hervor. Ein solches Bruchstück, das die Erde erreicht, nennt man Meteorit. In geschichtlicher Zeit sind etwa 5500 solcher Meteoriten auf der Erdoberfläche eingeschlagen. Sie ist von Hunderten Einschlagstellen zernarbt. Der größte bekannte Meteorit liegt noch immer am Ort seines Aufpralls in Namibia im Südwesten Afrikas. Sein Gewicht wird auf 60 Tonnen geschätzt. Der größte Meteoritenkrater wird 1950 durch Luftaufnahmen entdeckt. Es ist der Ungava-Quebec-Krater im nördlichen Teil Kanadas, heute ein kreisrunder See. Er ist 361 Meter tief und hat einen Durchmesser von 3,34 Kilometern. Auch wenn Meteorite kleiner sind als Asteroiden, so können sie doch Tausende von Menschen töten, wenn sie in einer dicht besiedelten Gegend niedergehen. Würde der Quebec-Meteorit zum Beispiel heute in Manhattan einschlagen, so wären sicherlich Millionen Tote zu beklagen, und von einigen Stadtteilen New Yorks bliebe nicht mehr viel übrig.

Am Morgen des 15. Februar 2013 sehen einige Einwohner der russischen Millionenstadt Tscheljabinsk im Ural um 9.20 Uhr lokaler Zeit am Wolkenhimmel einen grellen Lichtblitz. Sie nehmen außerdem die deutliche weiße Spur eines aus südöstlicher Richtung (Kasachstan) kommenden, Richtung Nordwesten rasenden Himmelskörpers wahr, der sich mit hoher, später auf 54 000 km/h berechneten Geschwindigkeit dem Erdboden nähert. Sekunden später hören die Einwohner einen ohrenbetäubenden Knall, gefolgt von mehreren Explosionen. Die starke Druckwelle lässt Tausende von Fensterscheiben platzen. Gebäudedecken stürzen ein, und die Menschen rennen voller Panik bei Temperaturen von minus 18 Grad ins Freie. Unter den über 3000 beschädigten Gebäuden sind allein 361 Schulen und Kindergärten sowie 34 Krankenhäuser. Getötet wird zum Glück niemand, aber 1200 Menschen, darunter 200 Kinder, werden verletzt. Und zum Glück wird auch keine der Atomanlagen getroffen, die sich in diesem Gebiet befinden. Der niedergehende starke Meteoritenregen wird von einigen Kameras aufgenommen. Die Videos zeigen aus der Entfernung, wie eine immer größer werdende Feuerkugel über den Himmel rast, einen breiten Rauchschweif wie von einer Rakete hinter sich herzieht und schließlich 80 Kilometer außerhalb der Stadt über einem sumpfigen Waldgebiet in der Nähe des Tschebarkul-Sees explodiert. Dort finden russische Soldaten später ein acht Meter breites Eisloch, verursacht von Bruchteilen eines etwa zehn Tonnen schweren Meteoriten mit einem Durchmesser von mehreren Metern. Die US-Raumfahrtbehörde NASA schätzt, dass die freigesetzte Energie der Explosion 30-mal so groß gewesen ist wie die Sprengkraft der Atombombe von Hiroshima.

Im Vergleich zu der gewaltigen Zerstörungskraft von Asteroiden-Einschlägen ist das nicht sehr viel. Solche noch weit heftigeren Einschläge hat es in der Vergangenheit auf unserer Erde bereits einige Male gegeben. In Deutschland ist zum Beispiel das Nördlinger Ries, ein riesiger Krater von 24 Kilometern Durchmesser, vor rund 15 Millionen Jahren durch einen Asteroiden-Einschlag entstanden. Andere Einschlagskrater sind von Seen aufgefüllt worden. Auch der Untergang des sagenumwobenen Atlantis wird von einigen Autoren auf den Einschlag eines großen Asteroiden im Atlantik zurückgeführt. Heutzutage wird weithin auch die Theorie akzeptiert, dass das Aussterben der Dinosaurier vor etwa 65 Millionen Jahren ebenfalls auf den Einschlag eines 10 Kilometer großen Asteroiden zurückzuführen ist. Und bei einem bisher noch nicht gänzlich geklärten Ereignis zwischen den Erdzeitaltern Perm und Trias sind vor etwa 250 Millionen Jahren 95 Prozent aller damals lebenden Arten mehr oder weniger schlagartig vernichtet worden, so auch die Trilobiten, eine primitive Krebsart. Möglicherweise gehen überhaupt alle erdgeschichtlich bekannten Epochen großen Artensterbens auf Asteroideneinschläge zurück.

Wie groß ist nun die Gefahr, dass sich ein solches Ereignis demnächst wiederholt? Der britische Asteroidenforscher Benny Peiser von der John Moores University in Liverpool prognostiziert eine alarmierende Häufung todbringender Einschläge von großen Himmelskörpern auf unserer Erde in den nächsten 10 000 Jahren. Vier massive Einschläge an Land und zwölf weitere im Meer würden Katastrophen apokalyptischen Ausmaßes nach sich ziehen und den Tod von mindestens 20 Millionen Menschen zur Folge haben. Wird unsere Erde demnach mehr und mehr zur »kosmischen Schießbude«, wie ein wissenschaftlicher Mitarbeiter der NASA kürzlich behauptet hat? Oder ist alles nur übertriebene Panikmache? Einige Wissenschaftler sehen das gelassener. So hat man errechnet, dass ein die Erdbahn streifender Asteroid oder Meteorit rund 100 Millionen Jahre braucht, ehe er wirklich mit der Erde zusammenstößt. Wenn wir davon ausgehen, dass es etwa 2000 solcher Objekte gibt, die groß genug sind, eine Millionenstadt oder gar eine ganze Region total zu zerstören, dann liegen durchschnittlich 50 000 Jahre zwischen zwei derartigen Ereignissen. Das klingt einigermaßen beruhigend. Und es ist auch kaum wahrscheinlich, dass eine solche

Kollision unseren ganzen Planeten zerstören und die gesamte Menschheit auslöschen würde.

Vielleicht verfügt die Menschheit in der Zukunft auch über geeignete Abwehrwaffen, die einem auf die Erde zurasenden kosmischen Riesenbrocken den Garaus machen können. Das setzt voraus, dass wir in den nächsten Jahren durch zahlreiche Missionen noch mehr über diese Objekte in Erfahrung bringen. Sollten wir in naher Zukunft tatsächlich einen Asteroiden ausmachen, der bedrohlich auf die Erde zurast, so wird unsere Technik möglicherweise so weit sein, dass wir ihm Raketen mit Sprengladungen an Bord entgegenschicken können, um ihn in sicherer Entfernung in Tausende kleinere Bruchstücke zu zersplittern. Statt des tödlichen Aufpralls gäbe es dann nur einen grandiosen Meteoritenschauer.

Vom »Roten Riesen« zum »Weißen Zwerg«

Wir wissen heute, dass unsere Sonne zu 75 Prozent aus Wasserstoff und zu fast 25 Prozent aus Helium besteht, den beiden einfachsten chemischen Elementen, die es gibt. Die Temperaturen im Inneren der Sonne betragen viele Millionen Grad. Bei einer derart großen Hitze brechen die Atome auseinander. Sie stoßen mit großer Wucht aufeinander, es kommt zu Kernreaktionen. Wasserstoff wird zu Helium umgewandelt. Als dies vor vielen Millionen Jahren geschah, begann die Sonne mit ihrer heutigen Intensität zu leuchten. Seither hat sie ihre Größe nahezu beibehalten, obwohl sie aus der Nutzung der Kernenergie ständig Strahlung an den Weltraum abgibt. Unsere Sonne strahlt auf diese Weise seit fast fünf Milliarden Jahren. Der Wasserstoffvorrat der Sonne ist so groß und die Wasserstofffusion liefert so viel Energie, dass ihre Strahlungsintensität auch in der Zukunft noch lange erhalten bleiben wird. Doch irgendwann wird die Kernenergie erschöpft sein. Dann kommt es für unsere Erde zu einer »Endzeitkatastrophe« besonderer Art.

Während des ständigen Wasserstoffbrennens lagert die Sonne im Innern Heliumasche ab. Da Heliumkerne bedeutend kompakter sind als Wasserstoffkerne, steigt die Dichte im Sonneninnern. Das führt wiederum dazu, dass sich die Kernregion unter ihrer eigenen Schwerkraft zusammenzieht. Dadurch wird der Kern noch heißer. Diese zusätzliche Wärme und der damit verbundene Druck blähen die Außenschichten der Sonne immer weiter auf, während sich ihre riesige Oberfläche immer weiter abkühlt. In diesem Stadium leuchtet die Sonne nicht mehr wie in ihrer Jugendzeit weißlich, sondern nur noch rotglühend. Sie wird zu einem »Roten Riesen«. Es entwickelt sich ein starker Sternenwind, durch den die äußeren Gasschichten vollständig abgestoßen werden. Sie umgeben die Sonne dann für einige Zeit als planetarischer Nebel. Je massereicher ein Stern ist, desto stärker ist sein Gravitationsfeld und das Bestreben der Materie, zum Kern zu sinken. Ein massereicher Stern verbraucht seine Wasserstoffvorräte viel schneller als ein massearmer Stern, er wird viel eher zum »Roten Riesen«. An unserem nächtlichen Sternenhimmel sind einige davon zu sehen – Antares zum Beispiel im Sternbild Skorpion, oder Beteigeuze im Orion. Beteigeuze ist ein Superriese. Er ist 800-mal so groß wie unsere Sonne und leuchtet 1000-mal so stark. Seine rote Farbe ist am Himmel mit bloßem Auge zu erkennen.

Alle Sterne erreichen irgendwann einmal dieses Stadium eines »Roten Riesen«, das ist sicher. Die kleinen, leuchtschwachen und massearmen Sterne brauchen mehr als 200 Milliarden Jahre, um zu einem solchen zu werden. Je massereicher ein Stern ist, desto weiter wird er sich auch aufblähen. Unsere Sonne ist ein Durchschnittsstern, sie wird also auch ein »Roter Riese« durchschnittlicher Größe werden. Man schätzt, dass dies in etwa sieben bis acht Milliarden Jahren der Fall sein wird. Dann haben die Temperaturen auf der Sonne derart zugenommen, dass es auch auf der Erde für das Leben zu heiß sein wird. Es ist also noch lange hin bis zu diesem Zeitpunkt, an dem die Erde unbewohnbar wird und alles Leben, das sie schon einige Milliarden Jahre lang trägt, auf ihr ausgelöscht wird. Doch er wird mit Sicherheit kommen. Wenn die Sonne ihren größten Durchmesser erreicht hat, wird sie 100-mal so groß sein wie heute. Merkur und Venus werden von ihr verschluckt werden. Die Erde bleibt möglicherweise noch außerhalb der roten Riesensonne. Aber die enormen, von ihr ausgehenden Temperaturen führen dazu, dass die Erde zunächst völlig verdorrt und am Ende vermutlich verdampft.

Diese »Endzeitkatastrophe« wird sich lange vorher ankündigen. Existiert die Menschheit dann noch – was keinesfalls selbstverständlich ist –, wird sie vermutlich versuchen, diesem Weltuntergang zu entgehen. Sie wird einen Fluchtplan entwickeln und sich eine neue Heimat im Universum suchen. Die Technologie wird dann wahrscheinlich so weit entwickelt sein, dass die großen Planeten weiter draußen in unserem Sonnensystem erreicht werden können. Die größeren Monde von Jupiter, Saturn, Uranus und Neptun könnten als Lebensraum infrage kommen, wenn sie durch »Terraforming« so weit umgestaltet werden, dass eine menschliche Besiedlung dort möglich ist. Rund ein Dutzend Himmelskörper im äußeren Sonnensystem bieten sich dafür an, allen voran die Jupitermonde Ganymed und Callisto. Außerdem könnten im Weltall Raumkolonien errichtet werden. Oder es gelingt sogar, ferne erdähnliche Planeten anderer Galaxien zu erreichen.

Und was geschieht indessen mit unserer roten Riesensonne? Auch ihre Lebenserwartung ist – nach kosmischen Maßstäben – nur von kurzer Dauer, nach der Schätzung einiger Astronomen bedeutend weniger als eine Milliarde Jahre. Es kommt der Punkt, wo sie ihre letzten Energievorräte aufgezehrt hat. Dann kann sie dem Sog ihrer eigenen Masseanziehung keinen Gegendruck mehr entgegensetzen. Sie beginnt, sich zusammenzuziehen; sie schrumpft. Ist ein »Roter Riese« sehr massereich, wie zum Beispiel Beteigeuze, kann er aber auch in einer Explosion enden, die »Supernova« genannt wird. Sie lässt den Stern kurzfristig so hell leuchten wie eine ganze Galaxie. Sollte Beteigeuze innerhalb der nächsten 1000 Jahre zur Supernova werden, wofür einige Anzeichen sprechen, würde eine Zeit lang eine Lichtquelle an unserem Himmel erscheinen, die so hell wäre wie unser Vollmond. Die Masse unserer Sonne reicht allerdings für eine solche Explosion nicht aus. Die Gefahr, dass aus ihr eine Supernova wird, die innerhalb kürzester Zeit das gesamte Sonnensystem einschließlich all seiner Planeten vernichtet, besteht also nicht.

Die Sonne wird vielmehr – ebenso wie alle anderen weniger massereichen »Roten Riesen« – weiter schrumpfen. Sie wird so lange kollabieren, bis sie nur noch planetare Dimensionen hat. Ihre Oberfläche ist dann viel heißer als die unserer Sonne heute. Da die Energie eines kollabierten Sterns aber nur noch durch eine kleine Oberfläche abgestrahlt werden kann, sieht er aus größerer Entfernung nicht sehr hell aus. Ein solcher kleiner Stern wird »Weißer Zwerg« genannt. Unsere Sonne wird also einmal nicht viel mehr als ein kleiner heller Fleck am Himmel sein. Von den Jupitermonden aus gesehen, wird sie in dieser Phase nur noch ein Viertausendstel der Helligkeit haben wie heute, von der Erde aus gesehen. Doch auch das wird nicht das Endstadium der Sonne sein. Denn ein »Weißer Zwerg« kühlt langsam, aber sicher ab, bis er so kalt ist, dass er kein sichtbares Licht mehr aussendet. Er wird zu einem »Schwarzen Zwerg«. Ein »Schwarzes Loch« kann aus unserer Sonne allerdings nicht werden. Dafür besitzt sie zu wenig Masse.

Sollte es zu diesem Zeitpunkt tatsächlich menschliche Siedlungen im äußeren Sonnensystem geben, dann werden sie nicht mehr genügend Energie empfangen, um ihre Zivilisation aufrechtzuerhalten. Eine neue Katastrophe ist da, die spätestens jetzt das Ende der Menschheit bedeutet – wenn es ihr nicht gelingt, superschnelle Raumschiffe zu bauen, mit denen sie unser Sonnensystem verlassen kann. Schaffen es die Menschen, auch dieser »Endzeitkatastrophe« zu entfliehen, dann werden sie irgendwo in den Weiten des Weltraums weiterleben, in Welten und Umgebungen ihrer eigenen Wahl.

Irgendwann frisst uns ein Schwarzes Loch

Es klingt wie ein Horrorszenario vom Untergang der Welt, das den schauerlichen Schilderungen in der biblischen »Offenbarung des Johannes« gleichkommt: Ein riesiges Schwarzes Loch nähert sich unserem Sonnensystem und verschlingt es samt unserer Erde. Ist so etwas möglich? Was sind Schwarze Löcher? Gibt es sie überhaupt? Schon 1783 stellt der französische Mathematiker und Philosoph Pierre de Laplace die Theorie auf, es könne Himmelskörper mit gewaltiger Anziehungskraft geben, die derart kompakt und von solch außerordentlicher Dichte seien, dass jede Materie und sogar Lichtstrahlen ihre Schwerkraftfelder nicht verlassen können. Laplace erklärt: »Die größten Körper im Universum könnten für uns unsichtbar sein.« Er weiß zwar noch nichts von Schwarzen Löchern, aber seine Vermutung stimmt, wie wir heute wissen. Die Relativitätstheorie von Albert Einstein führt zu weiteren erstaunlichen Erkenntnissen: Am Rande eines Schwarzen Loches krümmt die Schwerkraft den Raum so sehr, dass Licht dort unendlich lange unterwegs ist und die Zeit sich ins Unendliche dehnt. Unsere üblichen Vorstellungen von Raum und Zeit gelten hier nicht mehr. Zeit verwandelt sich in Raum und Raum in Zeit.

In einem solchen Loch mit überaus starker Schwerkraft verschwindet alles, was ihm zu nahe kommt. Nicht einmal das Licht kann der geballten Anziehungskraft widerstehen. Es kann aus dem Inneren nicht mehr entkommen, es ist schwarz. Der amerikanische Physiker John A. Wheeler prägte für derartige Objekte als Erster den Begriff »Schwarzes Loch«. Ein solches ist wahrscheinlich das Endstadium eines sehr massereichen Sterns. Wenn die Materie in einem Stern immer weiter verdichtet wird und die Oberflächenschwerkraft immer weiter anwächst, kommt der Punkt, an dem die Entweich- oder Fluchtgeschwindigkeit so groß wird wie die Lichtgeschwindigkeit. Das heißt: Nichts kann mehr von seiner Oberfläche entfliehen, weil sich kein Masseteilchen mit mehr als Lichtgeschwindigkeit bewegen kann. Der Radius eines Körpers, bei dem dies eintritt, wird Schwarzschild-Radius genannt, benannt nach dem deutschen Astronomen Karl Schwarzschild, der diesen Wert als Erster berechnete. Unterhalb dieser Grenze wird jede Masse zu einem Schwarzen Loch. Für die Sonne liegt der kritische Radius bei drei Kilometern, für die Erde bei neun Millimetern. Würde man folglich die Masse der Erde in einen Fingerhut pressen, bekäme man ein Schwarzes Loch.

Ein Schwarzes Loch kann also nur an Masse zunehmen, nicht jedoch Masse verlieren. Bedeutet das, dass Schwarze Löcher unvergänglich sind? Und dass ihre Zahl im Universum ständig zunimmt? Im Prinzip ja. Jahr für Jahr verschwindet immer mehr Materie in immer zahlreicheren und immer größer werdenden Schwarzen Löchern. Irgendwann müsste die gesamte Materie des Weltalls in Form von Schwarzen Löchern gebunden sein – oder in einem einzigen riesengroßen Schwarzen Loch, mit dem sich alle anderen vereinigen. Vielleicht entsteht dann das ganze Universum wieder neu. Vielleicht gibt es dann einen neuen »Big Bang«, einen Urknall, aus dem nach der Vermutung vieler Wissenschaftler das Weltall entstanden ist. Zwei amerikanische Mathematiker glauben, dass dieser Urknall vor rund 13 bis 15 Milliarden Jahren nichts anderes gewesen ist als die Explosion eines gigantischen Schwarzen Loches. Wenn diese Theorie stimmt, kann das Universum gar nicht offen und grenzenlos sein. Es kann nicht für alle Ewigkeit weiter expandieren, sondern wird immer wieder von einem Schwarzen Loch eingefangen, das dann erneut Sterne um sich herum bildet, aus denen die Galaxien entstehen.

Theoretisch werden die schwarzen Monster eines Tages also ihre gesamte Umgebung erbarmungslos gefressen haben. Sie verschlucken auch den letzten Rest des Universums, auch unsere Galaxie, die Milchstraße; auch unser Sonnensystem. Aber wahrscheinlich sind ihre »Tagesrationen« ziemlich klein. Das Universum ist immerhin schon über zehn Milliarden Jahre alt, und noch immer gibt es jede Menge unverschluckter Galaxien und Kugelsternhaufen. Dennoch gingen die Astronomen bis vor Kurzem davon aus, dass es im

Zentrum jeder Galaxie zumindest ein Schwarzes Loch gibt. Wenn das so ist, dann ist das für uns nächste Schwarze Loch im Zentrum der Milchstraße zu suchen. Unser Sonnensystem liegt am Rande dieser Galaxie. Ihr Zentrum ist etwa 30 000 Lichtjahre von uns entfernt. Das ist eine beruhigende Distanz. Eine unmittelbare Gefahr, dass wir alsbald von einem Schwarzen Loch gefressen werden, besteht also nicht. Zumal wir ziemlich sicher sein können, dass sich direkt in unserem Sonnensystem kein Schwarzes Loch befindet.

Woher weiß man das so genau? Und wie kann man ein Schwarzes Loch überhaupt nachweisen? Das ist nicht einfach. Denn sie senden weder Licht noch Radiostrahlung aus, sodass sie sich jeder direkten Beobachtung entziehen. Wir werden sie niemals direkt sehen können. Aber wir können indirekt auf ihre Existenz schließen. Denn sie haben zumindest ein Schwerefeld. Das bedeutet: Ganz gleich, was mit der Materie geschieht, die in einem Schwarzen Loch verschwindet, sie muss erhalten bleiben. Sie ist die Grundlage eines Schwerefeldes. Die Materie, die Schwarze Löcher aufsaugt, stößt gewissermaßen einen Todesschrei aus, das heißt, sie wird dabei so sehr erhitzt, dass sie nachweisbar Röntgenstrahlung aussendet. Mehr oder weniger durch Zufall entdeckt ein internationales Forscherteam 2014 in einer fernen Galaxie zwei umeinander rotierende supermassereiche Schwarze Löcher, die gerade dabei sind, einen ganzen Stern auseinanderzureißen. Sie werden aufgespürt, weil der 1999 gestartete europäische Röntgensatellit »XMM-Newton« gerade in diese Richtung blickt. Der Nachweis Schwarzer Löcher kann also auch durch die Beobachtung der Sterne erfolgen, die sich in ihrer unmittelbaren Nähe befinden. Wegen der extremen Anziehungskraft eines Schwarzen Loches bewegen sich die Sterne umso schneller, je näher sie ihm kommen.

Auf diese Weise konnte auch die bereits in den 1970er-Jahren gehegte Vermutung bewiesen werden, dass sich im Zentrum unserer Milchstraße ein Schwarzes Loch befindet. Gerade dieses Zentrum verbirgt sich für unsere Augen hinter riesigen Gas- und Staubwolken in Richtung des Sternbildes Schütze. Anfang der 1990er-Jahre lieferten jedoch Infrarot-Teleskope detailscharfe Bilder über die verschiedenen Positionen der Sterne im Zentrum der Milchstraße. Man konnte genau sehen, wie sich die einzelnen Sterne bewegen: Sie kreisen um das galaktische Zentrum. Durch jahrzehntelange

Beobachtung wurde die Umlaufbahn eines Sterns im Sternbild Schütze dokumentiert. Diese Region heißt Sagittarius A. Und der Stern, der 15 Sonnenmassen und die siebenfache Größe unserer Sonne besitzt, heißt S 2. Er kreist mit einer sehr hohen Geschwindigkeit um ein kompaktes, keinerlei Licht aussendendes Zentrum, das offenbar eine enorm hohe Anziehungskraft besitzt.

Das kann nur als Bahnbewegung um ein Schwarzes Loch interpretiert werden. Die gemessenen Werte sind so überzeugend, dass es als gesichert gelten kann, dass Sagittarius A ein supermassives Schwarzes Loch mit über drei Millionen Sonnenmassen ist. Die im Januar 2005 in der Nähe von Sagittarius A mit einem Röntgenteleskop beobachteten Helligkeitsausbrüche lassen weiterhin darauf schließen, dass sich im Umkreis von rund 70 Lichtjahren um Sagittarius A herum 10 000 bis 20 000 weitere kleine Schwarze Löcher befinden, die das zentrale Schwarze Loch füttern. Sie sammeln aus den äußeren Bereichen der Milchstraße Haufen von Sternen um sich an, die sie so lange gefangen halten, bis sie sich auf einer Spiralbahn in die unmittelbare Nähe von Sagittarius A bewegt haben.

Das bedeutet nun aber, dass in jeder Galaxie wahrscheinlich Millionen von Schwarzen Löchern existieren – und nicht nur eines, wie ursprünglich angenommen. Wenn das stimmt und diese Schwarzen Löcher mehr oder weniger gleichmäßig in den Galaxien verteilt sind, dann sind sie im Durchschnitt nur rund 40 Lichtjahre voneinander entfernt. Und jeder normale Stern wäre nicht weiter als vielleicht 20 Lichtjahre von einem Schwarzen Loch entfernt. Damit nimmt die Gefahr, dass wir alsbald das Opfer eines Schwarzen Loches werden, wieder erheblich zu.

Da jedoch die Sterne im Universum sehr ungleichmäßig verteilt sind, wird man annehmen dürfen, dass dies auch für Schwarze Löcher gilt. Rund 90 Prozent der Sterne unserer Milchstraße sind in der relativ kleinen Zentralregion konzentriert. Nur zehn Prozent befinden sich in den weiträumigen, »dünn besiedelten« Spiralarmen, wo auch unsere Sonne mit ihren Planeten existiert. Wenn sich gleichermaßen auch nur zehn Prozent der Schwarzen Löcher in den Spiralarmen aufhalten, dann würde die mittlere Entfernung zwischen ihnen in diesem Bereich auf mehrere 100 Lichtjahre anwachsen. Mit dieser Überlegung wäre die Distanz eines Schwarzen Loches zu unserem Sonnensystem so beruhigend, dass die »Endzeitkatastrophe«

eines Weltuntergangs durch ein Schwarzes Loch zeitlich wieder in weite, weite Ferne rückt. Während die Zentralbereiche unserer Galaxie vermutlich äußerst lebensfeindliche Plätze sind, an denen jede Existenz durch den Sturz in ein Schwarzes Loch zerstört wird, leben wir in den ruhigen Außenzonen.

Irgendwann einmal wird also auch uns das Schicksal ereilen, gefressen zu werden. Dieser Zeitpunkt, an dem alle Materie im Universum vernichtet sein wird, ist jedoch noch sehr, sehr weit entfernt – wahrscheinlich mehrere Milliarden Jahre.

Literaturverzeichnis

Buchveröffentlichungen

Asimov, Isaac, »Die Apokalypsen der Menschheit«, Kiepenheuer & Witsch, Köln, 1982

Asimov, Isaac, »Die Schwarzen Löcher«, Kiepenheuer & Witsch, Köln, 1982

Buttlar, Johannes von, »Einstein hoch zwei«, Herbig Verlag, München, 1998

Cassius Dio Cocceianus, »Römische Geschichte«, übersetzt von Leonhard Tafel, Band 1–16, J. B. Metzlersche Buchhandlung, Stuttgart, 1832–1844

Cayce Evans, Edgar; Cayce-Schwartzer, Gail; Richards, D. G. (Hrsg.), »Das Atlantis-Geheimnis«, Heyne Verlag, München, 2. Auflage, 1991

Chardin, Pierre Teilhard de, »Der Mensch im Kosmos«, dtv, München, 1981

Davis, Lee, »Das große Lexikon der Naturkatastrophen«, V. F. Sammler, Graz, 2003

Frater, Harald; Niedeck, Inge (Hrsg.), »Naturkatastrophen«, Springer, Berlin, 2004

Giannelli, Giulio; Paoli, Ugo Enrico (Hrsg.), »Rom und seine große Zeit«, Arena Verlag, Würzburg, 3. Auflage, 1972

Gööck, Roland, »Die großen Rätsel unserer Welt«, Bertelsmann Reinhard Mohn OHG, Gütersloh, 1969

Goethe, Johann Wolfgang von, »Gesammelte Werke«, Max Hesse Verlag, Leipzig, o. J., Band 1–24

Halley, Ned, »Das große Buch der Katastrophen«, Tessloff Verlag, Nürnberg, 2000

Harris, Robert, »Pompeji«, Heyne Verlag, München, 9. Auflage, 2004

Horn, Roland M., »Leben im Weltraum«, Pabel Moewig Verlag, Rastatt, 2002

Huf, Hans-Christian (Hrsg.), »Quo vadis«, »Schicksalsstunden der Menschheit«, Lübbe Verlag, Bergisch Gladbach, 1987

Huf, Hans-Christian (Hrsg.), »Sphinx 3«, Lübbe Verlag, Bergisch Gladbach, 1998

Langbein, Walter-Jörg, »Lexikon der biblischen Irrtümer«, Herbig Verlag, München, 2003

Keller, Werner, »Und die Bibel hat doch recht«, Rowohlt Verlag, Reinbek, 10. Auflage, 1970

Muck, Otto, »Alles über Atlantis«, Knaur Verlag, München, 4. Auflage, 1982

Pauwels, Louis; Bergier, Jacques, »Aufbruch ins dritte Jahrtausend«, Heyne Verlag, München, 1976

Pitman, Walter; Ryan, William, »Sintflut«, Lübbe Verlag, Bergisch Gladbach, 1999

Plinius, Gaius, »Epistulae«, dtv, München, 1984

Pschyrembel, Willibald, »Klinisches Wörterbuch«, Walter de Gruyter Verlag, 264. Auflage, Berlin, New York, 2013

Scarre, Chris, »Die römischen Kaiser«, Econ Verlag, Düsseldorf, 1996

Sonnabend, Holger, »Katastrophen in der Antike«, Verlag Philipp von Zabern, Darmstadt, 2013 (Lizenzausgabe für die Wissenschaftliche Buchgesellschaft Darmstadt)

Suetonius, Gaius S. Tranquillus, »Sämtliche Werke«, Magnus Verlag, Essen, 2004

Swoboda, Helmut, »Propheten und Prognosen«, Knaur Verlag, München, 1979

Tacitus, Publius Cornelius, »Annalen«, Goldmann Verlag, München, 1985

Westwood, Jennifer, »Der Untergang von Atlantis«, Moewig / Pabel, Rastatt, 1998

Zillmer, Hans-Joachim, »Kolumbus kam als Letzter«, Herbig Verlag, München, 2004

Zeitungen, Zeitschriften, Fernsehsendungen

»400 000 New Yorker auf der Flucht«, Hamburger Abendblatt, 30.10.2012

»Absturz aus der Routine«, Die Zeit, Juli 2003

»Amerika trotzt der Katastrophe«, Hamburger Abendblatt, 1.11.2012

»Angehörige suchen in Japan immer noch nach Tsunami-Opfern«, Hamburger Abendblatt, 11.3.2014

»Angst vor neuem Seebeben«, Hamburger Abendblatt, 31.12.2004

»Ansteigender Meeresspiegel bedroht Weltkulturerbe«, Hamburger Abendblatt, 5.3.2014

»Asteroiden«, Spiegel TV, 22.3.2001

»Asteroid im Anflug«, Hamburger Abendblatt, 18.8.2005

»Das Ende eines makellosen Kometen«, Frankfurter Allgemeine Zeitung, 29.6.2005

»Das Nachbeben«, Bayrisches Sonntagsblatt, 9.1.2005

»Das war Agadir«, Die Zeit, 11. März 1960

»Das Wissen der Antike – unter der Lava?«, Hamburger Abendblatt, 4.2.2005

»Der brodelnde Planet«, Hamburger Abendblatt, 29.12.2004

»Der Meeresboden brach ein«, Hamburger Abendblatt, 27.12.2004

»Deutschland übergibt Warnsystem an Indonesien«, Hamburger Abendblatt, 15.3.2005

»Die Sintflut des Nordens«, Mathias Iken im Hamburger Abendblatt, 18.1.2012

»Eine Explosion, die Häuser wankten«, Hamburger Abendblatt, 16./17.2.2013

»Eine Wolke aus Eis«, Hamburger Abendblatt, 5.7.2005

»Einer der stärksten Stürme der Geschichte«, Frankfurter Allgemeine Zeitung, 11.11.2013

»Einzigartiges Paar von schwarzen Löchern entdeckt«, Hamburger Abendblatt, 23.4.2014

»Erste Teile des Meteoriten entdeckt«, Hamburger Abendblatt, 19.2.2013

»Gefahr für die Erde«, Hamburger Abendblatt, 5.2.1997

»Hammerschlag der Natur«, Die Zeit, 14.11.2013

»Im Kern des Kometen«, Welt am Sonntag, 26.6.2005

»In Tacloban herrschen Verwüstung und Chaos«, Frankfurter Allgemeine Zeitung, 11.11.2013

»Internationaler Fusionsreaktor ›Iter‹ wird in Frankreich gebaut«, Die Welt, 29.6.2005

»Ist die Evolution am Ende?«, Thomas Frankenfeld im Hamburger Abendblatt, 12.9.2013

»Japans Ministerpräsident setzt wieder auf Atomkraft«, Hamburger Abendblatt, 11.3.2014

»Kommt jetzt eine neue Serie von Seebeben?«, Hamburger Abendblatt, 3.5.2005

»La Palma: Ein Riese schläft«, Hamburger Abendblatt, 29.12.2004

»Linderung für die fiebernde Erde«, Claudia Ehrenstein und Angelika Hillmer im Hamburger Abendblatt, 14.4.2014

»Milliardenloch durch Asche«, Salzburger Nachrichten, 20.4.2010

»Nach der Verwüstung kommt die Angst«, Frankfurter Rundschau, 11.11.2013

»Nach der Zerstörung«, Frankfurter Rundschau, 11.11.2013

»Neues Seebeben: 2000 Tote«, Hamburger Abendblatt, 30.3.2005

»Ozonloch über dem Norden«, Hamburger Abendblatt, 3.3.2005

»Pestbakterium des Mittelalters kommt noch heute vor«, Hamburger Abendblatt, 11.3.2014

»Riffe – am Sundagraben geboren«, Frankfurter Allgemeine Zeitung, 4.5.2005

»So entkamen vier Hamburger der Flut«, Hamburger Abendblatt, 27. 12. 2004
»Taifun verwüstet Philippinen«, Hamburger Abendblatt, 11. 11. 2013
»Trauer mischt sich mit Wut«, Hamburger Abendblatt, 12. 3. 2014
»Tsunami-Panik nach Beben«, Hamburger Abendblatt, 11. 4. 2005
»Tsunami setzte Bombenkräfte frei«, Hamburger Abendblatt, 20. 5. 2005
»Wie man Taifune misst«, Frankfurter Allgemeine Zeitung, 13. 11. 2013
»Wie der Klimawandel die Erde verändert«, Hamburger Abendblatt,
    28./29. 9. 2013
»Zehn Jahre bis zur nächsten Eiszeit«, Welt am Sonntag, 5. 2. 1978
»Zerstörungen unvorstellbaren Ausmaßes«, Hamburger Abendblatt, 31. 10. 2012
»Zielkomet von Sonde ›Rosetta‹ spuckt bereits Gas und Staub«, Hamburger
    Abendblatt, 11. 3. 2014

Internet-Quellen

Deutsches Zentrum für Luft- und Raumfahrt
GEO Magazin
NASA
Planet Wissen
Spiegel Online
Wikipedia – Die freie Enzyklopädie
ZDF

Register